비교종교론

송흥국 목사

세계종교와 기독교

한국문서선교회

머 리 말

　내 종교를 알려면 다른 종교들을 알아야 한다. 「세계종교와 기독교」란 책 이름으로 세계 현존 종교들을 살펴본 이유도 여기 있다. 그러나 이 작은 책 속에 세계 3대 종교를 비롯하여 그 밖에 여러 종교의 진수를 짧은 지면에 소개한다는 것은 거의 불가능에 가까운 일일지도 모른다. 그러나 이미 세계 여러 종교들을 전문적으로 연구한 학자들이 있고, 그들의 연구 결과로 각 종교의 핵심을 파악하여 그 골자를 잘 나타낸 책들이 많이 있다.

　필자는 이 작은 책을 씀에 있어서 이런 책들을 참고하여 현존한 종교들을 소개해 보려고 힘썼다. 그러나 호랑이를 그린다는 것이 강아지 그림이 되었다는 화호유구(畵虎類狗) 격이 되지는 않았는지 모르겠다. 다만 독자들이 이 책을 읽음으로 각 종교의 윤곽이나마 파악할 수 있게 된다면 필자의 목적은 달성되었다 생각하는 바이다.

　본서에는 세계적으로 공인된 열한 개 종교를 소개하였다. 한국의 종교는 천도교를 위시하여 시천교, 단군교 혹은 대종교 등등이 있으나 이 책에는 천도교만을 대표적으로 다루었다. 이 종교는 비록 독창적인 점은 없다 할지라도 제 1 대 교주 최제우 선생의 종교적 체험과 그의 순교적 정신은 한 종교로써의 면모를 갖추었다고 보기에 충분하여 여기에 넣었다.

 그리고 일본의 신도(神道)는 민족적 감정도 감정이려니와 학자들 중에는(일본 학자 포함) 신도는 종교라 할 수 없고 이것은 다만 국가적 제례 또는 국민적 신앙에 불과하다고 주장하는 의견이 분분하여 이를 제외하였다.

 자이나교와 시크교를 한 장에 넣은 것은 비록 창시된 연대는 서로 멀지만 이 두 종교는 인도교에서 분파되었을 뿐 아니라 다른 종교에 비하여 간단히 소개할 수 있기 때문에 각 장으로 독립시키지 않았다.

 그리고 이 책이 세상에 나올 수 있도록 배려해 주신 장안문화사 이규석 장로님과 또 이 책을 위해 많은 희생을 감수하면서 출판해 주신 한국문서선교회 김기찬 장로님께 심심한 사의를 표하는 바이다.

지은이 송 흥 국

차 례

총 론
1. 종교의 필요 / 11
2. 종교의 기원과 발달 / 14
3. 종교의 분류 / 20
4. 종교란 무엇인가? / 22
5. 현존한 종교들 / 28
6. 비교 종교 연구의 태도 / 29

제 1 장 힌두교
1. 초기 자연 숭배기 / 32
2. 제사 시대 / 33
3. 철학 시대 / 34
4. 계율 시대 / 35
5. 경신(敬神) 시대 / 36
6. 통속적 힌두교 / 38
7. 힌두교의 개혁 운동 / 39
8. 결론 / 41

제 2 장   자이나교와 시크교

[자이나교]
1. 자이나교의 창설자 / 43
2. 경전 / 44
3. 교의(教義) / 44
4. 자이나교의 종파 / 47
5. 자이나교의 현황 / 48
6. 결론 / 48

[시크교]
1. 시크교의 창설과 포교 / 49
2. 시크교의 경전 / 50
3. 교리 / 51
4. 시크교의 발전과 현황 / 53
5. 결론 / 55

제 3 장   불 교

1. 교조, 석가모니의 생애 / 57
2. 불교의 교설(教說) / 60
3. 불교의 경전 / 69

4. 불교의 윤리 / 70
   5. 불교의 선(禪)과 기도 / 71
   6. 결론 / 74

제 4 장 유 교
   1. 공자의 생애 / 78
   2. 맹자 / 84
   3. 유교의 경전 / 85
   4. 유교의 교설 / 86
   5. 결론 / 94

제 5 장 도 교
   1. 도교의 경전과 교설 / 98
   2. 열자(列子) / 104
   3. 장자(莊子) / 106
   4. 노자·장자(老子·莊子) 이후의 도교 / 109
   5. 결론 / 109

제 6 장 조로아스터교
   1. 조로아스터의 생애 / 113
   2. 경전과 교설(敎說) / 116

3. 오늘의 조로아스터교 / 122
   4. 결론 / 123

제 7 장   유대교
   1. 유대교의 발생과 발전 / 126
   2. 성문학(聖文學)의 발생 / 137
   3. 메시야 대망의 사상 / 138
   4. 시온주의 운동 / 139
   5. 유대교의 신조 / 140
   6. 결론 / 140

제 8 장   이슬람교
   1. 마호메트의 생애 / 143
   2. 경전과 교설 / 147
   3. 이슬람교의 약사 - 사라센 왕국 건설 / 151
   4. 이슬람교의 종파 / 153
   5. 결론 / 154

제 9 장   천도교
   1. 교조의 생애과 천도교의 발달사 / 157

2. 교의와 경전 / 166
   3. 종교적 행사 / 169
   4. 결론 / 170

제 10 장 기독교
   1. 창설자 예수 그리스도의 생애 / 174
   2. 예수 그리스도의 인격 / 178
   3. 기독교의 창립과 발전 / 180
   4. 기독교의 중요 교의(敎義) / 187
   5. 결론 / 196
       - 기독교에서 파생된 이단 종파

제 11 장 각 종교의 비교
   1. 종교 신앙의 필요성 / 218
   2. 신관(神觀) / 219
   3. 구원관 / 220
   4. 계시에 대하여 / 222
   5. 내세관 / 222
   6. 도덕률 / 223

총 론

1. 종교의 필요

 자신이 믿는 종교를 좀 더 잘 이해하려면 우리는 다른 종교에 대한 지식을 가지는 동시에 종교가 우리 인생과 어떤 관계가 있는지 살펴볼 필요가 있다.
 오늘날 공산주의자들은 종교는 인류에게 아편이라 하여 종교의 해독을 말하고 또 불란서의 철학자 꽁뜨(August Comte, 1798~1857)는, 종교는 과학이 발달되지 못했던 신화시대(神話時代)에 속했던 것이므로 과학이 발달됨에 따라 차차 없어질 뿐 아니라 무용지물이 될 것이라 하였다.
 그리고 21세기에 들어선 오늘에 와서는 이른바 '휴머니즘'에 의하여 종교의 가치를 과소평가하는 경향이 일반 지식층에 자리를 잡고 있다.
 이제 종교와 인생과의 관계 – 즉 "종교가 인생에게 어떤 가치가 있느냐" 하는 문제는 간단히 설명하기 어렵다. 그러나 한마디 말로 종교의 필요나 가치를 말한다면 종교는 인간의 가장 깊고 근본적인 욕구를 충족케 해주는 것이라고 말할 수 있다.

사람에게는 식욕, 애욕, 명예욕, 소유욕, 지식욕, 미를 추구하는 마음, 친구를 구하는 마음(사람은 홀로 살 수 없다) 등 여러 가지 욕망이 있다. 이런 욕망 중에는 제임스(Wm. James, 1842~1920, 미국의 심리학자, 철학자)의 말대로 "믿으려는 의지(Will to believe)"가 있다. 구약 성경의 전도서에는 "하나님이 …… 사람에게 영원을 사모하는 마음을 주셨느니라"(전 3:11)고 말씀하였다. 이 '영원을 사모하는 마음'은 곧 제임스 교수의 '믿으려는 의지'와 서로 통하는 것이다.

예로부터 사람들은 이 '믿으려는 의지'와 '영원을 사모하는 마음'의 충동에 의하여 여러 가지 신들을 섬겨왔다. 그들은 육체의 욕구와 충족-즉, 의식주의 충족을 위하여 그들의 신 앞에 가서 빌기도 하였지만 그들의 종교적 행위 중에는 물질의 욕구를 떠나서 단순히 그들이 위하는 신과의 사귐을 위한 행위의 표현도 많이 있었다.

셈족의 종교 중에는 '몰록'이라는 신 앞에 자기들의 귀여운 혈육을 제물로 바쳐 제사하는 일도 있었으며 엘리야 시대에 바알을 섬기는 선지자들은 신의 응답을 얻기 위하여 자기들의 몸을 상하여 피를 흘리기도 하였다(왕상 18:28 이하 참조). 인도교의 극단적 금욕주의자들은 그 섬기는 신에 몰입(沒入), 또는 합일하는 이외에 물질적 욕망의 충족을 바라는 점은 거의 없다.

이와 같이 인간의 혼 속에 깊이 감추인 영적 욕망을 가장 절실히 표현한 것이 어거스틴의 「참회록」 제 1 장 제 1 절에 나타난 "당신(하나님)은 인간을 다만 당신을 위해 만드셨나이다. 그렇기 때문에 우리 마음은 당신에게서 안식을 얻기 전에는 참 평안을 가지지 못하나이다"라는 유명한 구절이다.

이와 마찬가지로 시편 기자는 "하나님이여 사슴이 시냇물을 찾기에 갈급함같이 내 영혼이 주를 찾기에 갈급하나이다 내 영혼이 하나님 곧 생존하시는 하나님을 갈망하나니 내가 어느 때에 나아가서 하나님 앞에 뵈올꼬"(시 42:1~2) 한 것도 인간 심령 속에 숨겨진 강렬한 정신적 욕구를 노래한 것이다.

이 욕구는 다만 부귀영화 같은 물질적 욕망의 만족으로 만은 채워지지 않는 것이니 이러한 욕망을 채워 주는 것이 곧 종교의 중요한 역할인 것이다.

종교가 지닌 가장 보편적인 기능은 이와 같이 인간 심령의 심각한 요구에 해답을 주는 것이다. 고고학적으로 살펴보면 선사시대부터 인간은 벌써 어떤 형태의 종교를 가졌으며, 또 어느 부족이나 종족을 막론하고 종교를 가지지 않았던 적은 없다.

이를 보면 이 종교적 요구는 인간의 보편적 요구임을 알 수 있다. 왜냐하면 과거에나 현재를 막론하고 공산주의 등 반종교 세력이 그토록 압박하여도 여전히 종교 신자가 있고 지하 교회가 있어서 신앙을 지켜 나아가고 있기 때문이다.

2. 종교의 기원과 발달

 종교는 어떻게 생겨났을까? 위에서 우리는 종교의 필요를 말할 때 종교는 인간 심령의 심각한 요구를 만족케 해주는 것이라 하였다. 그러나 이것은 사람이 훨씬 발달한 다음의 이야기요 원시 미개인에게는 이런 고상한 도덕적, 정신적 욕구보다는 물질적 욕구가 지배적이었던 만큼, 그들이 그 물질적 욕구를 만족시키려 함에 있어서 자신들의 역량이 부족하므로 초자연적이며 초인간적인 존재의 힘을 빌리고자 하였던 것이다.

 이 사실이 한편으로는 마술, 다른 한편으로는 종교를 낳게 하였다고 한다. 마술이란 사람이 어떤 초자연적 힘 혹은 존재를 부려서 자기의 목적을 달성하려고 한 시도이며 종교는 기도와 탄원으로 초자연적인 힘 또는 존재에 호소하여 자신의 욕망을 달성하고자 하는 시도이다.

 그러면 이와 같은 동기에서 발생한 종교는 어떻게 발달하여 왔는가? 인류 문화의 다른 사건들과 함께 종교도 저급의 상태에서 높은 데로 발달하여 왔다. 그리고 종교의 발달은 신관의 발달과 병행한다. 따라서 신관의 발달은 동시에 종교의 발달이기도 하다.

 그러면 종교적 신앙-즉 신관은 어떻게 발달하여 왔는가?

(1) 마나설(Manaism)

 '마나' 신앙은 지금도 오스트렐리아주 동북방 멜래네시아 군도

토인들 간에 있는 신앙인데 그들 이외에도 도처의 미개인들 간에 상당히 널리 퍼져 있다. '마나'는 자연물, 인간, 사건 등에 접하여 있어서 비상한 행동이나 사건들에는 이 '마나'라는 신비한 힘이 작용하고 있다고 믿는 것이다.

배가 빠른 속도로 달린다든가, 사냥이 예상 외로 잘된다든가, 전쟁의 승리 등은 다 신비한 '마나'의 위력에 의하는 것이라고 믿는다는 것이다. 그리고 이 신비한 위력에 대하여 신비감, 경외감, 두려움 등 종교의 기본 감정을 느낀다는 것이다.

(2) 정령설(精靈說, Animism)

원시인들은 구름의 움직임, 바람이 부는 것, 물이 흐르는 것 등은 다 그 속에 사람의 혼령이나 생명 같은 것이 있어서 되어지는 것이라고 믿어 그 혼령이나 생명들로부터 원조를 받으려 하거나 친밀한 관계를 맺으려 하는 데서 종교는 생겨났다고 보는 설이다.

(3) 주물 숭배(呪物崇拜, Fetishism)

주물 숭배를 서물 숭배(庶物崇拜) 또는 배물교(拜物敎)라고도 하는데 이것은 작은 돌, 나무 조각, 조개 껍질, 동물의 털이나 이빨 같은 것을 말한다. 이것은 그 자연물 자체의 가치를 인정함이 아니라 그 물체에 신이나 혹은 신비한 마력이 접해 있어서 이것이 사람에게 화나 복을 내린다고 믿는 것이다.

(4) 주술(呪術) 혹 마술(魔術, Magic)

이것은 요술(妖術)이라는 우리말로 통한다. 이것도 종교 발달사상 중요한 하나이다. 이는 요술사가 신비한 영력을 부리어서 자신의 욕망을 만족시키려는 행동을 가리킴이다.

이를테면, 옛날 한국에서 돌싸움(石戰)을 할 때 적의 두목의 형상을 만들어 그것을 칼로 찌르는 시늉을 하고 비가 오기를 바라면 나무 위에 올라가 물을 뿌리어 비가 내리는 모양을 하는 등은 마술의 일종이다.

이것이 종교적 신앙과 다른 점은 신앙은 자기를 낮추어 신비한 존재를 높여 공경하며 그것에 자신의 소원을 호소하고 신뢰하려는 귀의(歸依)와 숭배의 태도임에 반하여 요술은 그 신비의 영력을 이기적 목적 아래 강제적으로 부리려는 태도이다. 이러한 주술과 함께 주문(呪文)에 의하여 그 신비력을 부리려는 것도 많이 유행되었다.

(5) 토템(Totem) 숭배

'토템'이라는 것은 오스트렐리아와 남북 아메리카의 미개 토인들 간에 유행하는 신앙이다. 이것은 미개 부족들이 먼 옛날 자신들의 조상이 어떤 특종의 동물(캥거루, 도마뱀, 악어 등)이나 또는 식물이나 또 무생물(구름, 태양 등)에게서 나왔다고 믿어 그것을 조상으로 섬기는 것을 말한다.

(6) 자연 숭배

　미개인이 자연물을 숭배하여 신앙의 대상으로 삼은 것은 가장 자연스러운 일이다. 그들은 그 자연물 속에, 혹은 뒤에 '마나'라는 신비력이 잠재하여 있다고 믿어서 그 자연물보다 그 신비력에 대하여 종교적 정서를 느낀 것도 사실이겠으나 동시에 자연물 자체를 경배의 대상으로 삼기도 하였다.

　필자는 어렸을 때 정월 대보름날 뒤뜰에서 어머니가 어린 동생을 등에 업으시고 동천에 높이 솟은 달을 향해서 '달님 절하오'를 연거푸 부르시며 두 손을 합장하고 절하시는 것을 본 기억이 뚜렷이 남아 있다. 이것은 자연 숭배의 한 좋은 예이다.

　자연 숭배에는 사자, 호랑이, 독수리, 맹수, 소, 곰, 물개, 혹 뱀 등과 같은 동물이나, 성수(聖樹), 성석(聖石), 성산(聖山) 등의 자연물과 천, 지, 일, 월, 성신, 비, 바람, 불, 물 등을 섬긴 일들도 있다. 원시 미개인들에게 있어서 이 자연물들은 인간보다 더 지혜롭고 힘이 있기 때문에 인간에게 직접 화와 복을 줄 수 있다고 믿어 그것을 숭배하였던 것이다.

(7) 다신교(多神敎)

　미개인들은 이 세상에는 무수한 신들로 차 있다고 믿었다. 산신(山神), 수신(水神), 태양신, 우사(雨師), 풍백(風伯), 월신(月神), 성신(星辰) 등이 그것이다. 옛날 바벨론인들은 하늘에는 3천의 신, 땅에는 6천의 신이 있다고 믿었으며 일본인들은 8백만 신이 있다고 믿었다.

　한국에서도 집에는 터주, 나무에는 또 나무의 신이 있다고 믿어 집 뒤뜰의 장독대 옆에서 짚을 엮어 숭배하고, 또 고목 나무 앞에다 떡을 쪄 놓고 숭배했다. 뿐만 아니라 신이 있다고 믿는 나무는 함부로 찍거나 옮기지 못하였던 것이다. 이 신들은 인간에게 직접 화와 복을 주는 존재로 믿은 것이다.

　이 다신 사상과 관련하여 무당의 역할을 잠시 살펴볼 필요가 있다. 무당은 일반 사람과 신 사이에서 중간 역할을 한다고 믿는 것이다. 귀신을 부르기도 하며 또 귀신에게 빌어 전화위복의 호소와 기원도 한다고 믿는 것이다. 이것이 샤머니즘이다.

(8) 조상 숭배

　다신교와 관련하여 조상 숭배를 말하지 않을 수 없다. 이것은 토템 숭배와 일맥상통하나 다른 점은 토템 숭배는 인간 이외의 동식물, 자연물을 자기 부족의 조상이라 보아 숭배하는 것이나 조상 숭배는 인간의 조상을 숭배하는 것인데 이것은 어느 민족에게나 있지만 특히 유교 사상이 전파된 동양에서 더 강하다.

(9) 만유신교(萬有神敎)

　범신교(汎神敎)라고도 한다. 이것은 많은 개별적 신을 인정하는 것이 아니요 만물은 다 신이며 신은 만물이라고 보는 신앙이다. 이 신앙은 신과 만물을 별개로 보지 않고 하나로 봄으로 이원적(二元的)인 사상으로부터 논리적으로 사상적 통일을 얻으려 함에 그 목적이 있다.

따라서 이것은 철학적 사색을 중시하는 인도 같은 나라에서 생긴 사상이다. 만유신교의 목적은 개체적인 인간이 전체인 만유에 몰입(沒入)하는 것이다. 이것은 보통 명상 혹 참선(參禪) 등으로 그 목적을 달성코자 한다.

(10) 유일신교(唯一神敎)

이는 유대교, 기독교 또는 이슬람(Islam)교에서 신봉하는 신앙이다. 이것은 가장 발달되고 또 합리적이며 인간의 심령에 최고의 만족을 주는 신관이다.

단일신교(單一神敎)라는 것은 여러 신들 중에서 한 신만을 택하여 섬기는 신앙이다. 유대교에서도 한때는 이 신앙을 가졌었는데 이것은 다른 민족에게는 다른 신의 존재를 인정하면서 자기 민족은 오직 한 신만을 섬기는 것이다.

(11) 힌두교 혹 인간교(Humanism)

종교의 발달을 논함에 있어서 무시할 수 없는 사상은 이른바 '휴머니즘'이다. 이것은 초자연적인 신의 실재를 인정하지 않고 인간과 또는 그가 품은 이상과 최고의 가치를 신앙과 노력의 대상으로 여기는 사상이다.

이 사상은 20세기 후반에 들어와 일반 지식층에 세력을 가지고 있다. 우리나라에서도 젊은 지식층 사이에 많이 유포되고 있다.

3. 종교의 분류

 종교의 분류법은 다종 다양이어서 학자에 따라 다르다. 그러나 가장 대표적이며 통속적인 몇 가지 분류법을 여기에서 소개한다.
 첫째, 분류법은 부족적 종교, 국가적 종교, 세계적 종교로 나누는 것이다.
 부족적 종교 : 가장 단순한 미개 시대의 종교이며 부족 종교의 형태에 속하는 것은 위에서 말한 마나 신앙, 정령 숭배, 토템 숭배, 자연 숭배, 서물 숭배, 잡신 숭배 등이다. 이 단계에 있어서의 특징은 그 당시 그들에게는 개아의식(個我意識)이 강하지 못하였던 관계로 종교 생활도 역시 그것이 각 개인의 소관사(所關事)라기보다 부족 전체의 소관사였다는 점이다.
 그리고 그들의 종교 사상이 발달되지 못한 만큼 그들의 종교적 행사의 대부분도 역시 물적 욕구의 충족-즉 식물을 구하는 일, 결혼, 생산, 죽음에 관한 일, 전쟁의 승리, 맹수에서의 보호 등이었다. 그렇다고해서 그들의 내심에 보이지 않는 힘이나 실재(實在)에 대한 심각한 종교적 감정이 없었다고는 볼 수 없다. 이것이 그들의 종교 생활의 본질이며 무형한 영계와의 접촉을 가능케 한 바탕이었다.
 국가적 종교 : 여러 부족이 뭉쳐서 사회 발달의 더 큰 단위인 국가를 형성함에 따라 그들의 종교 생활도 부족이라는 작고 좁은 형태에서 국가적인 규모로 발달되게 된 것은 자연스러운 추세였다. 이 시대에 특색으로 그들의 신관은 비록 다신 사상을 떠나지

못했으나 각 신은 좀 더 인격화되고 윤리화되었으며 그 나라의 수호신으로 높임을 받았다.

　예컨대 희랍의 신 '스스(Zeus)', 바벨론의 신 '마르둑(Marduk)' 하(下)애굽의 신 '호러스(Horus)', 상(上)애굽의 신 '세트(Set)' 등은 다 그들의 수호신이었다. 구약 시대에 있어서 히브리족은 '야훼'(Yahweh)신을 국신으로 섬겼다. 그러나 그 국민들은 한 신만을 섬긴 것은 아니다.

　그리고 또 이 시대의 특징은 제사직(祭司職)과 동시에 제사법이 생긴 것과 그 섬기는 신에게 기도하는 일이 있게 된 것 등이다.

　세계적 종교 또는 예언자적 종교 : 세계적 종교는 종교의 발전에 있어서 최종적인 단계이다. 국가적 종교는 그 신앙의 범위와 교의가 국가적이요 민족적이다. 따라서 서로 적대 관계에 있는 나라의 두 신은 역시 서로 적대 관계를 가지고 있다. 그러나 세계적 종교에 있어서는 국경이나 인종의 구별을 초월한다. 사람이 사람인 이상 다 같은 입장과 관계 아래 그 신 앞에 설 수 있다고 믿는 것이다.

　따라서 세계적 종교의 신관은 역시 세계적이며 동시에 개인주의적이며 형식주의적인 것보다 윤리적이며 의식주의적인 것보다 신비주의적 혹은 정신적이다.

　세계적 종교로는 불교, 기독교, 이슬람교가 있다. 그중에 불교는 원래 무신적(無神的) 종교이며 따라서 신관이 없다. 그러나 불교가 가지는 구원관은 국적이나 인종을 초월하는 관념을 가지기 때문에 세계적 종교로 인정되고 있다.
 이 밖에도 종교 분류법에 여러 가지가 있다. 자력교(自力敎)와 타력교(他力敎)로 나누기도 하고, 현존 종교와 사멸 종교(死滅宗敎)로 나누기도 하며 그 가진 신관에 의하여 분류하기도 하나 여기에서는 생략한다.

4. 종교란 무엇인가?

 종교를 정의한다는 것은 가장 어려운 일이다. 그 이유는 종교의 형태와 그 신앙의 내용 등이 종교마다 다르며 또 그 발달 정도로 보아서도 미개, 야만 부족의 단순한 종교와 가장 발달한 종교가 서로 같지 않은 까닭이다.
 그리고 종교를 연구하는 학자의 관점에 따라 정의도 다르다. 그리하여 종교의 정의는 거의 무수하다고 할 만하다. 그러므로 그 중에 어느 하나만을 지적하여 완전한 정의라고 볼 수 없다. 그리고 여기에 그 수다한 정의를 열거할 수도 없다.
 그러므로 가장 통속적으로 종교를 정의한다면 "종교는 사람이 자기가 지존자(至尊者) 혹은 최상자(最上者)라고 믿는 대상에 대하여 가지는 숭경(崇敬)의 태도이다"라고 하면 좋을 것이다.
 종교의 정의에 대하여서는 종교학자에 따라서 거의가 다르다 할 것이다. 그 대표적인 것을 소개하면 아래와 같다.

(1) 칸트(Immanuel Kant, 1724~1804, 독일의 철학자)

"종교는 인간의 모든 의무를 신의 명령으로 인정하는 것이라 볼 것이다"라고 종교를 주관적으로 정의했다. 종교를 이렇게 정의할 때 그는 종교와 도덕의 밀접한 관계를 상정(想定)한 것이다. 일반적으로 종교학자들은 종교와 도덕을 엄밀히 구분하였다.
종교적으로 또는 신앙적으로 인정하고 시인하는 것들 중에는 도덕적으로는 도저히 수긍할 수 없는 것들이 많이 있다. 예컨대 구약 창세기에 아브라함은 그의 독자 이삭을 제물로 바치라는 신의 명령을 무조건 수긍하고 순종하였다. 이 사실은 인간의 도덕적 입장에서는 수긍할 수 없으나 아브라함은 이것이 신의 명령이라고 믿어 순종하였던 것이다. 여기에 종교와 도덕이 반드시 일치하지 않음을 볼 수 있다.

(2) 슐라이어마허(Friedrich Schleiermacher, 1768~1834, 독일 종교철학자)

"종교는 신에 대한 절대 귀의감(絶對歸依感)이다" 혹은 "무엇이나 개별적인 것을 전체의 일부로 간주하며 무엇이나 유한한 것이라도 무한한 것의 표시라고 보는 것이다"라고 했다.
슐라이어마허의 종교의 정의에 대하여서는 후자보다 전자가 일반적으로 널리 알려졌고 그의 대표적 종교관으로 인정되고 있다. 이러한 종교관은 인간은 신의 피조물로서 아무것도 아니요 오직 신앙이 전부라고 믿는 절대적 신앙의 태도로 높이 평가할 것이다. 위에 말한 신앙의 모본인 아브라함의 신앙의 태도가 이에 해당된다. 예수님의 "나의 원대로 마옵시고 아버지의 원대로 하옵소서"(마 26:39)라는 기도의 태도도 그렇다.

(3) 포이어바하(Ludwig Feuerbach, 1804~1872, 독일 철학자)

"인간은 종교의 시작이요 중심이요 종말이다"
이 종교관은 철두철미한 인본주의적이다. 그는 다른 곳에서 "신은 인간의 자기 투사(投射)"라고도 말한 적이 있다. 그에게 있어서는 신이 인간을 창조한 것이 아니요 인간이 신을 창조한 것이 된다. 따라서 논리적으로 포이어바하에게서는 신의 계시(啓示)라는 것은 인정되지 않는다. 그에게 있어서 계시는 인간의 자기 개현(開現)에 지나지 않는다. 요컨대, 포이어바하 입장에서의 종교는 경배의 대상을 가지지 않는다는 것이 그 특징이라 할 것이다.

(4) 호프딩(Harold Hoffding, 1843~1931, 덴마크의 종교철학자)

"모든 종교의 심층의 본질은 가치 보존의 원리이다" 매우 함축적이요 포괄적인 정의이나 지나치게 포괄적이라 할 것이다. 가치 체계에는 많은 종류와 등급이 있다. 종교·도덕·예술·경제 등과 기타 각 방면에 있어서의 가치는 다양하다. 그러므로 우리는 이 모든 가치 보존의 의도와 활동을 다 종교라 부른다면 인간 활동의 모든 면이 종교가 아닌 것이 없다 할 것이다. 물론 기독교는 신은 모든 가치-즉 진·선·미·성(聖)의 근원으로 믿는 만큼 그런 점에서 호프딩의 종교의 정의는 타당하다 할 것이다. 그러나 엄격히 종교적 가치는 어떤 것이냐 따진다면 위에 말한 모든 가치 중에서 성(聖) - 즉, 신성감(神聖感)이 특수한 종교적 가치라 할 것이다. 이것은 독일의 종교철학자 루돌프 오토(Rudolf Otto)에 의하여 주장된 바이다. 물론 진·선·미도 종교적 가치에 포함됨은 물론 버금되는 가치이나 특수한 종교적 가치는 오토의 설대로 비이지적·비윤리적인 성(聖)의 관념이다.

(5) 윌리엄 제임스(William James, 1842~1910, 미국 심리학자, 철학자)

"종교는 각 개인이 혼자서 무엇이나 신적(神的)이라고 생각하는 대상과 가지는 느낌과 행동과 경험이다" 이 정의는 인간 자신이 숭배 또는 외경(畏敬)하는 대상에 대한 어떤 태도·행동·생활 전체를 포괄하는 일을 지칭하는 것으로 납득할 만한 정의라 볼 것이다. 이 정의의 범주 안에는 비록 저급 종교나 미신적인 것이라도 그 숭배의 대상을 신적인 것으로 인식할 때 그것은 종교의 범주에 속한다 할 것이다.

우리는 과학적 입장에서 미신과 정신(正信)을 구별하여 미신을 배척하나 미신도 신앙임에는 틀림없다. 물론 고상한 인격과 건실한 사회의 향상을 위해서는 올바른 신앙을 가져야 하나 학술적 입장에서는 미신도 신앙으로 간주한다.

(6) 화이트헤드(Alfred North Whitehead, 1861~1947, 영국의 수학자, 철학자)

"종교는 한 개인이 혼자서 가지는 행동이다" 이 정의는 별로 신통할 것이 없으며 또 종교의 정의라고도 할 수 없다.

(7) 살로몬 레낙(Salamon Reinach, 1858~1932, 불란서 고고학자)

"종교는 인간의 자유로운 행동 기능을 억제 혹은 견제하는 사려심(思慮心)의 총화이다" 이 종교관은 인간의 종교 생활의 일면을 나타내는 것이라 할 수 있으나 이것은 비단 종교뿐만 아니라 도덕심도 마찬가지이다. 사람은 어떤 불합리한 또는 부도덕적인 언동을 하려는 충동에 대하여 이를 불가하게 생각할 때 이를 억제하거나 거부하는 태도가 있다.

물론 이러한 억제나 거부 행위를 신의 뜻이 아니라고 느낄 경우도 많이 있으나 비신앙인에게도 있을 수 있다. 종교적 신앙이 아닌 상식이나 인간의 이성도 이런 역할을 한다.

(8) 캘버턴(V. F. Calverton, 연대·국적 미상)

"마술과 종교는 환경을 극복하는 능력을 얻어 이 우주를 자신의 바라는 대로 휘어잡으려는 수단 방법으로 생겨난 것이다" 이 종교관은 너무도 실용적일 뿐 아니라 피조물인 인간으로서 겸손의 덕이 빠진 관찰이다.

(9) 존 듀이(John Dewey, 1859~1952, 미국 철학자, 교육가)

"무엇이나 진실된 통찰력을 주는 것은 종교이다"라고 하였다. 종교가 다른 무엇에서보다 인간에게 진실된 통찰력을 줄 수 있다는 점에서 정견(正見)이라 할 것이다.

(10) 호킹(W. E. Hocking, 1873~?, 미국의 철학자)

"종교는 예상된 성취이다" 종교 생활의 특성인 신앙의 본질을 나타낸 점에서 높이 평가할 관찰이다.

(11) 펌(Vergilius Ferm, 18~?, 미국의 종교철학자)

"종교적 태도는 인간이 가장 중대하고 궁극적이라고 믿는 그 무엇에 대하여 적응하려는 노력이다" 이런 종교관은 유신론자뿐 아니라 유물론자에게도 적용될 수 있다. 유물주의자에게 있어서는 신이 없고 물질만이 유일의 존재이며 지상(至上) 가치이며 궁극적인 존재이다. 그렇다면 엄격한 의미에서 유물론자에게 있어서 물질이 그의 종교적 숭배 대상이 될 수 있을 것인가?
　물론 물질 만능 시대에 있어서 물질을 하나님의 자리에 놓을 수도 있으나 이것은 물질을 지상 가치로 여긴다는 것이지 물질이 곧 신일 수는 없다. 물질은 어디까지나 물질이다.

5. 현존한 종교들

종교는 인류 역사가 시작되기 전부터 있었다. 이 사실은 고고학자들에 의하여 증명되고 있다. 그리고 역사가 생긴 이후 오늘까지 많은 종교들이 생기고 사라졌다. 위에서도 말한 바와 같이 옛날 부족 사회에서는 부족들마다 하나씩의 종교를 가졌으며 국가적 종교 시대에는 국가마다 종교를 가졌고 한 나라 안에도 수다한 종교가 있었다.

그러나 지금에 와서는 미개인이나 후진국에 유행하는 민간 신앙(샤먼교-무당을 중심한 신앙)을 제외하고 현존한 열두 개의 종교를 창시된 연대순으로 열거한다면 다음 페이지와 같다.

종교명	창시 연대	창시자	세계신도수	자료출처
힌두교(인도교)	B.C. 2000~1500	없음	746,797,000	대영
유대교	B.C. 1275	모세	14,890,000	〃
신도(神道)	B.C. 660	없음	104,553,000	1997일본대사관
조로아스터교	B.C. 660	조로아스터	100,000	한국
도교(노자교)	B.C. 604	노자(老子)	50,000	1953대영
자이나교(耆那敎)	B.C. 599	마하비라	2,600,000	한국
불교	B.C. 560	석가모니	353,141,000	대영
유교	B.C. 551	공자	270,000,000	〃
기독교	B.C. 4	예수	1,929,983,000	〃
이슬람교	A.D. 570	마호메트	1,147,494,000	〃
시크교	A.D. 1469	나나크	6,219,000	1953대영
천도교	A.D. 1860	최제우	990,000	2002문광부

자료 출처 설명
대영 : 대영백과사전(Britannica), 1998년도판
한국 : 한국세계대백과사전, 동서문화사, 1995년도판

6. 비교 종교 연구의 태도

우리가 각 종교를 연구함에 있어서 다음과 같은 태도를 가질 수 있다.
(1) 모든 종교는 다 미신이요 무지의 소산이며 인습과 전통의 유물이라고 보는 태도 - 이는 공산주의자들의 태도이다.

(2) 비기독교 종교를 배격하여 기독교 이외에는 다 거짓 종교라고 보는 태도.
(3) 자기가 믿는 종교 이외에는 다 배격하는 태도.
(4) 어떤 종교나 다 좋은 점이 있다는 태도.
(5) 모든 종교는 다 좋은 점이 있으나 동일한 가치를 가지고 있지 않다는 태도이다. 이러한 태도는 하나님이 "인류의 모든 족속을 한 혈통으로 만드사 온 땅에 거하게 하시고"(행 17:26) "하나님을 알 만한 것을 저희 속에 보임이라 하나님께서 이를 저희에게 보이셨느니라"(롬 1:19)는 태도이다.

  우리는 다른 종교를 연구함에 있어서 편견과 선입견을 버리고 동정적이며 건설적인 태도로써 다른 종교의 장점을 찾기에 노력할 것이다.
  여기에 대하여 우리는 사도 바울의 "범사에 헤아려 좋은 것을 취하고 악은 …… 버리라"(살전 5:21~22)는 성구를 기억할 것이다. 순교자 저스틴이 "모든 사람이 올바로 말한 것은 무엇이든지 우리 그리스도인의 재산이 될 것이다"라고 말한 대로 어느 종교든지 좋은 점은 우리 정신의 양식이 될 것이다.

제 1 장
힌두교 (Hinduism)

힌두교는 인도교 혹 바라문교(婆羅門敎)라고도 부른다. 이 종교는 인도에 국한된 종교로, 최근 인도 전 인구 10억 천만 인 중 7억 5천만 인 - 즉, 전 인구의 70퍼센트를 차지하는 다수의 신도를 가지고 있다.

힌두교의 특색은 계급 제도이다. 이를 카스트(caste) — 사성 제도(四姓制度) — 라 하는데, 네 계급으로 나누며 이것을 또다시 64 계급으로 이를 또다시 2000 계급으로 나눈다는 것이다.

네 계급 중 최상 계급은 '바라문(婆羅門)'이라는 제사(祭司) 계급으로서 지식 계급에 속하며 그 다음 계급이 '크샤트리아(刹第利)'인데 관리와 무사 계급이요 그 다음 계급이 '바이샤(吠舍)' 계급인데 서민 계급으로서 농공상을 경영하는 계급이며 최하 계급이 '수드라(首陀羅)'로서 노예 계급이다.

이 네 계급은 세습적이며 통혼은 물론 한 자리에서 음식도 함께 먹지 못한다. 따라서 힌두교인에게 있어서는 교리상 문제보다도 사회 제도 즉, 계급 제도에 대한 관심이 더 크다.

힌두교의 발달 : 힌두교는 어느 창설자에 의하여 창시된 종교가 아니요, 여러 시대를 통하여 여러 사람의 종교적 지도자들에 의하여 발전된 종교이다. 그 발전 단계로 보아 이 종교를 여섯 시기로 나누는데 각 시기의 신앙의 모습이 그 시기의 산물인 경전에 표시되었다.

모든 경전은 '산스크리트(범어-梵語)'로 기록되었는데 이 언어는 인도 유럽어계의 근원이다. 각 발전 단계에 따른 힌두교의 모습을 살펴보기로 한다.

1. 초기 자연 숭배기(B.C. 1000)

이 시기에 생긴 경전은 네 종류의 '베다경(Veda-吠陀經)'이다. '베다'란 말은 '지식'이란 말이다. 네 가지 베다경은 ① 시경(詩經-Rig Veda) ② 성례전(聖禮典-Yajur Veda) ③ 성가(聖歌-Sama Veda) ④ 주문(呪文-Atharva Veda)이다.

이 중에 가장 중요한 경전은 시경인데 대개 B.C. 2000~1000 사이에 기록된 것으로 여긴다. 범어로 기록되었으며 1028 편의 기도와 찬미의 시를 모은 것인데 힌두교인은 이 경전의 절대적 권위를 인정한다.

이 시대의 신앙의 대상이었던 신격화한 자연물은 - 천체(天體), 바람, 비, 새벽, 공기, 불 등 76 종이었다. 그중에 가장 중요한 신은 공기와 비의 신인 '인드라(Indra)' 신이다. 이 신에 대한 그들의 기도는 물질적 번영과 행복 - 무병장수, 자손 창성, 가축의 번영, 전승(戰勝) 등이다. 이들은 '디아우스 피타'라는 하늘 아버지와 '프리디비 마타'라는 땅 어머니도 섬겼다.

여러 신 중에 '바루나(Varuna)'라는 신이 가장 윤리적인데 '아다르바 베다' 즉, 주문경에 나타난 시의 1절은 구약 성경 시편 139:7~10의 시상과 흡사하여 이 신의 편재(遍在)와 전지(全知)를 노래하였다.

시경에 나타난 구원의 방법은 기도이다.

2. 제사 시대(B.C. 1000~800)

초기 단순한 '베다' 종교는 이 시기에 와서 복잡하고 번거로운 제사 종교로 변하였다. 이 시기에 산출된 경전은 '브라마나스'라는 제전(祭典)인데 각종 제사법과 종교적 전설이 실려 있다. 제사를 중요시하여 "제사장이 제사를 드리지 않으면 해도 뜨지 않을 것이라"고 하였다.

가장 중요한 제사는 말 제사(馬祭)인데 한 번 제사에 1 년이 걸렸다하며 첫 번 제사에 609 마리의 말을 잡아 드렸다 한다. 제사를 중요시한 만큼 제사장을 존중하였으며 절대의 권위자로 인정되어 베다 시대의 신들도 제사로 말미암아 불멸의 신이 되었다고 하였다.

 최하 계급 '수드라'를 여전히 천대했고 처음으로 쇠고기의 식용을 금했으며 부부가 함께 음식 먹는 것을 금했고 윤회전생설(輪廻轉生說)을 말했다. 제사주의는 그후 2700여 년 동안 힌두교에서 중요시되었다.

 이 시대의 구원의 방법은 제사이다.

3. 철학 시대(B.C. 800~600)

 철학적 사고를 즐김은 인도인의 특색이나 이 경향은 이 시기에 현저하게 나타났다. 이 시기에 생긴 경전은 '우파니샤드'라는 것인데, 여기에는 여인과 청년들까지도 철학적 토론을 즐기는 것으로 나타났다.

 '우파니샤드경'의 중심 사상은 '브라마(梵天) 신' 사상이다. '베다경'이나 '제사경'에는 성언(聖言), 성지(聖知)의 뜻으로 나타났다. 이 신은 절대, 무한, 영원, 편재(遍在)의 불가 형언의 비인격적, 중성적(中性的) 존재로서 우주영(宇宙靈)이라 할 수 있는데 개인의 영도 마침내 이 우주영에 몰입(沒入)되고 만다는 것이다. 동시에 이 우주영은 나 자신에 깃들일 수 있는 존재로써 나와 이 우주영을 동일시하여 "그 영! 그것은 곧 너 자신이다"라는 어구가 아홉 차례나 반복되었다. 내가 곧 '브라마'라는 지식에 도달할 때 나는 곧 '전체(全體)'가 될 수 있는 것이라 하였다.

 이 무한 영원의 실재에 대하여 변전무쌍(變轉無雙)한 현상계는 한 꿈이요 '마야(환영, 幻影)'인 것이다.

　이 경전에 나타난 구원은 철학적으로 '브라마' 신을 명상함으로 이 신에 몰입하는 것인데 그 방법으로는 명상 중에 모든 감각 작용과 심지어는 호흡까지 누르고 초감각적 경지에 들어가도록 노력함이다. 그리하면 형언할 수 없고 영원하며 절대 평정의 축복의 '브라마'를 체관(諦觀)할 수 있는데 이로써 그는 그 '브라마'가 이미 자기의 마음에 내재한 실재임을 발견하게 된다는 것이다.

　이러한 견지에서 볼 때 도덕적 선악의 구별은 없으니 이는 곧 한 개인의 브라마인 까닭이다.

　이 시기에 있어서도 네 계급 제도는 브라마 신이 제정한 제도로 여겨 엄격히 구별했다.

4. 계율 시대(B.C. 250)

이 시기에 생긴 법전은 '마누 법전'이다. 이 법전은 구약 성경의 율법서에 비길 수 있는 것으로서 열두 편이 있는데 여기에는 생활 각 방면에 관한 주밀한 계율과 금법이 있으며 훌륭한 잠언과 교훈도 들어 있다. 예컨대, 부모와 스승에게 순종할 것과 회개와 자복의 권고, 약속의 이행, 적(敵)이나 가해자에게 관용과 인내심을 가질 것 등을 말했다. 이하는 그중 1절이다.

　　"욕설을 참으며 남을 모욕하지 말며 노하는 자에게 노로써

갚지 말며 저주하는 자를 축복하라."(마누 법전 6:47~48)

이와 같이 훌륭한 구절과 사상이 포함되었음에도 불구하고 역시 힌두교의 탈을 벗지 못하였다. 즉 베다경의 존엄성과 그것의 구원에 대한 효능, 힌두교적 제사의 엄수, 전쟁의 승인, 철학적 명상과 그로 인한 윤회 전생에서의 해방 등을 주장한 점이다. 그뿐 아니라 네 계급 제도를 뚜렷하게 구별하고 세분(細分)하였으며 이것의 숙명적 성격을 규정하였다.

여기에 신자로서 밟을 네 단계를 규정하였다. 배우는 제자로서, 결혼자로서, 처사(處士)로서, 최종으로는 탁발승(托鉢僧)으로서의 단계이다.

마누 법전에 사원(寺院) 제도와 승려에 대하여 언급한 바가 있으며 우상에 대한 말이 있고 금기(禁忌) 식물의 종류를 말하였으며 참회의 방법과 단계를 말하였고 어떤 경우에는 아내의 구타를 허용한 것도 있다.

'마누 법전'에 의한 구원의 방법은 계율의 준수, 특히 계급 제도의 엄수이다.

5. 경신(敬神) 시대(A.D. 1)

이 시기에 산출된 경건은 저 유명한 '바가바드 끼타'이다. 이것은 자타가 높이 평가하는 경건으로 구약의 욥기와 같은 극시(劇詩 : 희곡 형식으로 쓰여진 시)이다.

여기에 나타나는 인물은 '알쥬나'라는 무사로서 그가 전쟁에서 살인하는 것의 타당성에 대하여 회의적 태도를 가지고 번민할 때에 '크리쉬나'라는 신이 병거를 모는 사람으로 나타나서 영혼 불멸의 사상과 또는 전쟁에서의 살인하는 일에 대하여 영혼이 책임지지 않는다는 도리를 논란하여 그의 회의심(懷疑心)과 자책하는 마음을 회유시키는 동시에 무사로서의 직분은 정당한 전쟁을 해야 할 것과 만일 그 직무를 포기하면 도리어 범죄자가 될 것임을 설파하였다. 영혼 불멸에 대한 유명한 1절을 소개한다.

> 이것(영혼)은 죽이지도 못하고 죽임을 당하지도 않으며 나지도, 죽지도 않으며 무기가 쪼갤 수도 없고 불이 태울 수도 없다. 물에 젖지도 않으며 바람에 마르지도 않는다. 그러므로 이 사실을 알고 걱정하지 말 것이다.

이 '크리쉬나' 신은 선인의 보호와 악인의 멸망을 위하여 화신(化身)하였다고 믿어 화신(化身)의 새로운 사상이 생겼다.

그리고 전심으로 '크리쉬나' 신을 섬기는 자는 "그의 생업이 무엇이든지 그는 내 안에 거한다. 나를 정성으로 경배하는 자는 내 안에 있고 나는 그 안에 있으리라. 정녕히 알 것은 이것이니 나를 경배하는 자는 죽지 않을 것이다(바가바드끼타 9:9, 31) 하여 계급과 지위를 막론하고 '크리쉬나' 신을 신봉하면 다 구원을 받을 것이라 하였다.

그럼에도 불구하고 네 계급의 차별을 말하며 이것은 '크리쉬나' 신이 제정한 것이라 보았다.

구원은 '크리쉬나' 신을 전심으로 공경함에 있다고 보았다.

6. 통속적 힌두교(A.D. 1~250)

 이 시대의 특색은 인도교가 통속화된 것과 지금까지의 각 시대의 특징이 종합된 것이다. 그 밖에도 다른 여러 가지 특색이 첨가되었다. 그 중요한 것은
 (1) 더 엄격한 계급 제도와 분파 작용
 (2) 힌두교가 수다한 종파로 갈라져 서로 상반 되는 교리를 신봉한 사실
 (3) 우상 숭배가 성행하여 갖가지 우상을 섬기는 중 남녀의생식기까지 섬긴 것
 (4) 무수한 신당이 생김과 개인적 공물(供物)의 헌납
 (5) 축제일의 빈번한 엄수, 성지, 성하(聖河), 성시(聖市) 등의 순례
 (6) 파종, 농경, 추수 등을 종교적 의식에 의한 일
 (7) 일상 생활-식사·결혼·생산·사망·장례식 등이 전부종교와 관련되어 있었으며 의식적인 목욕과 정결례가성행한 일
 (8) 채식주의(菜食主義)를 힘씀
 (9) 하층 계급을 문둥병자처럼 여겨 '접근 못할 존재'로 본 것
 (10) 악귀, 악령에 대한 공포심, 일식, 월식을 불길한 징조로 본 것, 점성술의 신앙, 저주, 악담, 주문 등의 효과를 인정한 것 등이었다.

7. 힌두교의 개혁 운동(B.C. 557~A.D. 1917)

힌두교 내에는 예로부터 많은 개혁 운동이 있었다. 그러나 그 결과는 새로운 종교의 창설로 나타났다. 그중에 중요한 개혁 운동을 들면 아래와 같다.

(1) 첫 개혁 운동은 인도의 귀족 출신인 마하비라가 기원전 557년에 시작한 것인데 그의 개혁의 요점은 브라만 계급의 배타적 정신, 지나친 베다경 숭배, 무자비한 동물 제사, 우파니샤드 철학의 일원론을 반대한 것 등이었다.

그러나 그의 개혁 운동은 새로운 종교인 자이나교를 창설하기에 이른다.

(2) 제 2 의 개혁 운동은 힌두교의 또 하나의 귀족인 석가모니에 의하여 된 것이다. 그는 기원전 548년에 일어나 세습적 계급 제도와 제사장에 드리는 공물에 의하여 구원을 얻으려는 것, 철학적 사색을 지나치게 중요시하는 것, 의식주의, 알지 못할 고대어로 쓴 경전을 중시함 등에 대하여 반대한 것이다.

그의 개혁 운동 역시 새 종교-즉 불교를 낳게 하였다.

(3) 티루발루바(Tiruvalluvar)라는 하층 계급의 한 사람은 기원후 800 년경에 사람이 신의 은혜에 의하여서만 구원을 받는다 하였다.

(4) 망카바사가(Mankka Vassagar)라는 다른 하층 계급의 한 사람은 11세기에 인격적 유일신과 그 신이 '시바'라는 사

람으로 화신되었다는 것과 구원은 신의 은혜의 선물임과 죽은 후의 영생을 가르쳤다.
(5) 브라만 계급의 라마누쟈라는 사람은 12세기경에 인격적 신을 주장했고 계급주의와 여성 멸시의 사상을 반대하였다.
(6) 라마난다는 14~15세기에 걸쳐 산 사람인데 그 역시 계급과 종파를 물론하고 사람은 신의 은혜에 의하여 구원을 받을 것이라는 설을 주장하였고 특히 라만 신의 무차별적 사랑을 말하였다.
(7) 나나크(A. D. 1469~1538)는 펀잡 지방의 제 3 계급인데 이슬람교의 영향 아래 힌두교와 이슬람교의 신을 동일시하였다. 그 결과로 시크교가 생겼다.
(8) 다두(A. D. 1400)라는 사람은 인격적 유신 사상을 부르짖었다.
(9) 람 모훈 로이는 벵갈주의 브라만 계급인데 처음으로 기독교의 영향을 받아 개혁을 주장하였다. 그는 신약 성경 발췌집을 발행하여 평화와 행복의 지침인 예수의 교훈이라고 하였다. 그는 1828년 '브라마 사마아지' 운동을 일으켰는데 이 운동은 기독교와 이슬람교의 영향 아래 일으킨 것으로써 우상 숭배와 다신 사상, 과부를 태워 죽이는 잔인한 풍습, 과부의 수절(守節), 일부다처주의 및 계급주의 등에 반기를 들었다. 시성(詩聖) 타고르와 깐디 등은 이 운동에 참가한 가장 이름 있는 이들이다.

이 밖에도 19세기 말과 20세기 초에 걸쳐 다수의 개혁 운동자가 배출되었다.

8. 결론

힌두교에는 좋은 점이 많이 있다. 전 우주에 편재(遍在)한 최고의 영적 실재에 대한 신앙과 이 신에 대한 지식과 신과의 합일(合一)을 최고의 목표로 삼는 점, 자신의 행위에 대한 정당한 보응을 받는다고 믿는 인과응보의 신앙 등은 모두 힌두교의 장점이다.

그 반면 이 종교에는 역시 단점도 없지 않다. 무엇보다 그들이 신봉하는 신의 인격성을 인정치 않는 점이다. 인간은 사회적 동물이다. 그러므로 인간은 인격 상호 간의 친교와 애정에 만족을 느끼며 이로써 인격은 자라나고 완성되는 것이다. 그런데 이 우주의 최고 실재인 신이 비인격적 존재라면 인간은 그런 존재를 신앙과 예배의 대상으로 하여 심령의 참된 만족을 느낄 수 있을까?

그리고 인간은 그 비인격적 신의 방사물(放射物)이거나 일시적 가현(假現)에 지나지 않는다고 하여 인생의 가치와 존엄성을 인정치 않는다. 민주주의의 기본 이념은 인간의 존엄성인데 인간의 가치와 존엄성을 인정치 않는 종교는 건전한 인간관을 가졌다고 볼 수 없다.

이와 동시에 힌두교는 또한 현실 세계를 한 환영(幻影)에 지나지 않는다고 본다. 이러한 세계관은 인간의 모든 노력과 활동을 한 쓸데없는 것으로 여기는 결론에 도달할 것이다. 그림자 같은 이 세상을 위해 노력하고 활동할 필요는 없는 것이다. 이렇게 되면 이 세계와 인간 사회는 점차 퇴보되어 마침내 멸망하고 말 것이다.

그리고 무엇보다 힌두교의 큰 결점은 계급 제도이다. 가장 건전한 인간관, 사회적 이념은 인간의 존엄성을 기초로 한 평등 사상일 것이다. 평등 사상을 떠나서 참된 민주주의는 실현될 수 없고 인류 사회의 건전한 발달이란 있을 수 없다. 오늘날 인도 사회의 후진성과 침체성은 이 계급 제도에 그 깊은 원인이 있음을 부인할 수 없다. 그러므로 힌두교는 우리에게 가장 만족할 만한 종교라 하기 어렵다.

제 2 장
자이나교와 시크교

　힌두교가 민간 신앙으로 전하여 내려오는 도중에는 여러 위대한 종교인들이 일어나 이를 개혁하려 하였다. 그러나 결국은 새 종파 혹은 새로운 종교로 발전되었다. 본 장에서 서술하려는 자이나교와 시크교 그리고 다음 장에서 살펴보려는 불교는 다 그러한 종교들이다. 본 장에서는 편의상 자이나교와 시크교를 함께 약술하고자 한다.

❖ 자이나교

1. 자이나교의 창설자

　마하비라('큰 영웅'이란 뜻, B. C. 599~527)라는 인도 제 2 계급의 인물이다. 그의 원명은 바르다마아아나(Vardhamaana)이다. 귀족 계급에 속한 그는 30세에 그 부모가 별세하기까지는 극도의 호화로운 생활을 하였으나 입도(入道)한 후 수도 생활을 하기 13년 간 비상한 난행 고행 끝에 성도(成道)하여 열반(涅槃)의 경지에 이르렀다 한다. 때에 그의 나이는 42세였다.

성도(成道) 후 그는 수도사의 은둔 생활에서 나와 72세의 임종 시까지 그가 깨달은 도를 선포하기에 전력하였다.

2. 경 전

자이나교의 경전은 '아가마스'('계율'이란 뜻)라는 것인데 12편으로 되었으며 대개는 그의 서거 후 200년 이후에 기록된 것이다. 어떤 부분은 교조 마하비라의 사후 980년경에 기록되었다.

이 경전은 교조 마하비라의 생존 시 북인도 중앙부에서 통용하던 방언 '프래크릿어'로 기록되었으며, 그중에 어떤 부분은 범어(梵語)로 기록되었다. 그러나 오늘날의 그 교도 중에는 이 말을 이해하는 사람은 많지 않으며 다만 독실한 신도 중에서만 그들의 신당에서 매일 규칙적으로 읽을 뿐이다.

3. 교 의(敎義)

(1) **신관** : 자이나교는 힌두교의 신관을 배척하였으며 기도를 부인하였다. 따라서 사람 이외에 다른 숭배할 존재를 인정치 않

았다. 마하비라는 말하기를 "사람이여! 그대는 자신의 친구이다. 그대는 어찌하여 그대 이외의 다른 친구를 원하는가?"라고 하였다. 그러나 후일에 교조 마하비라 자신이 신격화되어 교도들의 숭배의 대상이 되었다.

  (2) **인생관** : 자이나교의 인간관은 이원론(二元論)이다. 사람은 악한 물질과 순수하고 영원한 영으로 구성되었다고 보는 것과 힌두교의 기본 도리인 계급 제도의 사성 제도(四姓制度)를 극력히 배척하여 만민 평등을 주장하였으나 여성(女性)을 모든 죄악의 씨라 하여 죄악시한다.

  (3) **인과율**(因果律) : 자이나교는 힌두교의 인과의 법칙과 윤회 전생설을 믿는다.

  (4) **구원관** : 구원은 영이 육에서 해방받는 동시에 우주적인 인과율에서 벗어나는 것을 의미한다. 이러한 경지를 열반(涅槃)이라 하는데 이것은 개인의 영이 육체의 모든 구애(拘碍)에서 벗어날 뿐 아니라 과거의 모든 업보(業報) - 즉 인과율과 행동의 법칙에서 해방받은 지복(至福)의 경지이다.

  구원의 방법으로는 이른바 삼보(三寶) - 정지(正知)·정신(正信)·정행(正行)을 수득(修得)하여야 하며, 동시에 비상한 금욕 생활과 난행 고행으로 육체의 욕정(欲情)과 감정과 소유욕과 생에 대한 집착과 심지어 동정심, 협조 정신까지 끊어 버려야 한다는 것이다. 그 경전에 아래와 같은 구절들이 있다.

> 나에게서 숭고한 계율을 배우라 …… 속임, 탐욕, 분노, 자만심 등 이런 것들을 현자(賢者)는 금해야 한다. …… 신발이

나, 우산이나, 골패(를 소유하는 것)나, 또는 다른 사람을 돕
는 일, 서로 협조하는 일, 이런 것들을 현자는 금해야 한다.

또 이런 구절이 있다. "자기를 사랑하는 자를 사랑치 않는 수도
사는 죄와 증오감에서 해방을 받을 것이다."

(5) 윤리관 : 자이나교의 윤리관은 이 종교의 구원관에 근거를
두었다. 개인적으로 극단의 금욕주의를 강조함과 동시에 사회적
으로는 다른 사람에 대한 사랑과 미움, 동정과 냉담, 협조와 손해
끼침 등을 함께 초월해야 한다는 것이다.

그리고 그들이 가장 높이는 일은 불교의 중처럼 동냥 다니는
일이다. "홀로 몫에 태인 식물에 만족하고 방랑하며 …… 구걸을
할 것이다. 현자는 시혜(施惠)를 받거나 못 받거나 거기에 관심
치 않는다" 하였다.

자이나교의 또 한 가지 존중하는 덕은 '아히무사'-즉, 불살생
(不殺生) 혹은 불상해주의(不傷害主義)이다. 그리하여 자이나교
의 수도사가 길을 가려면 먼저 길을 쓸어 길에 밟히는 곤충이 없
도록 하며, 물을 마시기 전에 무슨 생물이라도 있을까 보고 걸러
서 먹는다. 그들은 농사 짓기를 꺼린다. 이는 밭을 갈 때 땅속에
있는 생명을 해칠까 하는 까닭이다.

마하비라는 그의 교도들에게 오계(五戒)를 주었으니 불상생, 불
망어(不忘語), 불도취(不盜取), 금여색(禁女色), 금집착(禁執着)이
다.

(6) 사회 생활 : 자이나교의 독신자(篤信者)가 되기 위하여는
속세의 생활은 절대 불가능하다 해도 과언이 아니다. 따라서 교

조 마하비라는 승가(僧伽) 제도를 창설하였다. 이는 자이나교도의 단체이다. 이들은 한 곳에 모여 공동 생활을 한다. 이 점 역시 불교의 사원과 같다.

4. 자이나교의 종파

자이나교는 백의파(白衣派)와 탈의파(脫衣派) 혹 공의파(空衣派)로 갈라졌다. 양파로 갈라진 동기는 이러하다. 기원전 310 년경 자이나교의 발상지인 북인도에 큰 흉년이 있었다. 12,000 명의 교도들이 '바드라바후'라는 영도자와 함께 따뜻한 남인도의 마이소레란 곳으로 이주하였다.

거기서 그들은 좀 더 엄격한 금욕주의의 실행과 또 더운 기후의 혜택으로 옷을 입을 필요가 없게 되었는데 기원전 82 년에 이 문제로 재론 끝에 탈의파가 되었다. 그러나 북인도에 그대로 남아 있는 신도들은 그대로 옷을 입고 있었기 때문에 그들의 옷 빛에 따라 백의파가 되었다.

이에 따라 그들의 숭배의 대상인 우상을 북쪽 백의파는 옷을 입히고 남쪽 공의파에서는 입히지 않는다.

이 두 파에서는 여자의 구원관에 대하여서도 서로 다르다. 백의파는 여성의 수도와 구원을 인정하여 여성을 위한 사원을 허락하나, 공의파는 여성의 구원을 인정치 않으며 그들이 환생(幻生)을 할 때에 남자로 태어나지 않으면 그들에게는 구원이 없다고 보는 것이다.

5. 자이나교의 현황

자이나교는 현재 인도의 북부, 서부, 남부에 분포되어 있는데 1951년 인도 정부의 집계에 의하면 1,618,406 명이다. 그 이후 그들은 국내외에 교세를 확장하고자 포교 운동을 일으키고 있다 한다(1995년판, 동서문화사 간행의 한국 세계대백과사전에 의하면 260만 명). 특히 그들은 불살생의 교리를 널리 선전하여 실행케 함으로 세계 평화를 이룩할 것이라고 믿으며, 인류의 희망은 여기에 있다고 보는 것이다.

오늘날에 와서는 자이나교는 본래의 교조의 개혁 정신에서 벗어나 사소한 차이 이외에는 여러 가지 점에서 힌두교와 동일하다. 즉 힌두교의 신앙, 우상 숭배, 사원의 건립, 바라문 계급에 속하는 승려의 존재, 계급 제도의 인정 등이다.

6. 결 론

자이나교에는 여러 가지 장점이 없지 않다. 교조의 숭고한 인격과 종교적 정열, 교도들의 종교적 목적을 위한 자기 부정의 정신, 힌두교와는 달리 영혼과 육체의 실재성을 인정하는 점, 생명 존중의 사상과 함께 동물 애호의 정신, 계급 부정 등이 그것이다.

그러나 그 반면 약점도 없지 않으니 무엇보다도 종교 신앙의 중심이 되는 신을 부인하는 점, 자력 구원의 신앙, 지나친 금욕주의, 정상적이며 필요한 감정까지 부인하는 점, 여성을 죄악시하는 점 등이 그것이다.

　무엇보다 자이나교의 구원의 목표인 열반은 불교의 그것과 함께 가장 소극적일 뿐 아니라 절대 불가능한 일이라 할 것이며 장려해야 할 만한 정서 — 즉 사랑이나 동정심까지 끊어 버려야 한다는 것은 이해 불가능한 교리라 볼 것이다.

❖ 시크교

1. 시크교의 창설과 포교

　시크교는 현존 종교 중 가장 역사가 얕은 종교이다. 시크교의 창시자인 나나크(A. D. 1469~1538)는 마틴 루터와 동시대의 사람이다. 나나크의 출생지는 현재 파키스탄의 영지 안에 있는 편잡 근방 30 마일 지점에 있는 탈완디라는 곳인데 그 지방에는 벌써부터 이슬람교가 들어와 그 세력이 널리 퍼졌었다. 나나크는 인도교와 이슬람교를 혼합하여 새로운 종교를 만든 것이다.

　나나크는 원래 인도 제 2 계급의 출생으로 어려서부터 종교심이 강하였으며 일상 업무에 태만하고 명상과 기도를 즐겼으며, 신을 찾기에 갈급하였다고 한다. 그리하여 그는 가정과 모든 것을 버리고 빈 들에 나가 수림 밑에서 명상한 결과 신의 음성을 듣고 선도(宣道)의 사명을 받았다는 것이다.

　그는 득도(得道) 이후에 그의 종이던 이슬람교도 마다나를 악사(樂士)로 하여 그와 함께 북인도의 여러 곳으로 포교 행각을 하였으며 만년에는 서쪽으로 아세아와 아라비아의 이슬람교 성지 메카에까지 포교 여행을 하였다 한다.

포교 여행 중 많은 박해와 투옥을 당하였으나 옥사장을 감화시키기도 하고 악한을 회개시키기도 하였다 한다.

2. 시크교의 경전

시크교의 경전은 '그랜드'라는 것인데 이것은 기독교의 시편과 잠언 같은 책이다. 최초에 기록된 부분은 시크교의 제 5 대 교조가 편찬한 것으로서 제 1 대 교조 나나크와 그의 후계자들의 언행록과 기도시로 되어있다.

그리고 여기에 9대와 10대의 교조의 교훈과 또 그 밖에 이슬람교와 힌두교의 저명한 현자(賢者)들의 교훈을 수록하였다. 이 경전은 여섯 방언으로 기록되었는데 경전 전부를 읽어 이해하는 사람의 수는 극히 적다 한다.

시크교도는 이 경전을 신성시하여 '그랜드 사헵' 즉 '주(主)의 책'이라고 부른다. 이 책은 현재 아므리사 도시에 있는 시크교의 신전에 보관되어 있는데 밤에는 은행 금고 같은 견고한 방에 엄중히 보관하였다가 낮에는 장엄한 의식과 함께 신전 내에 별도로 시설된 보좌(寶座)에 옮겨 놓는다.

여기에는 날마다 수다한 참배자가 와서 경배하며 헌물(獻物)을 한다. 그들은 우상을 배격하나 이 경전을 우상화하여 여기에 그들의 신이 임재한 것으로 믿는다는 것이다. 그럼에도 불구하고 이 경전은 보급되지 않았으며 이해하는 신도가 극히 적다.

3. 교리

(1) **신관** : 시크교는 유일신을 신봉한다. 제 1 대 교조 나나크가 신의 소명을 받았을 때 깨달은 신은 오직 하나뿐이라는 것이다.

"신은 하나이다. 그의 이름은 '참'이며 창조주이며 두려움과 적의(敵意)가 없으며 영원 불멸이며 …… 자존(自存)이며 위대하고 관대(寬大)하다. 이 '진실자'는 영원부터 존재하여 현재에도 있고 과거에도 있었고 장래에도 있을 것이다"라고 그 경전에 나타났다. 모든 시크교도는 이 구절을 매일 먼저 구송(口誦)해야 한다.

이 유일신 사상은 그들의 경전 곳곳에서 찾을 수 있는데, 이 신은 절대의 권위자로서 이 신을 명령하거나 지배할 아무것도 없다고 믿으며 그가 원하고 기뻐하는 것은 존재하며 실시된다고 믿는다. 그리고 그는 자의적(恣意的)인 신으로서 상벌도 그의 자의(恣意)에 의한다고 믿는다.

이 신의 이름은 이슬람교에 따라 '알라'라고도 하고 '구다(영광)'라고도 하며 힌두교에 따라 '브라마' 혹 '파람 브라마(최고 브라마)', '파람 메쉬바(最上主)', '하리(자비자)', '라마' 등으로 부른다. 이를 보면 시크교의 근본 의도는 이슬람교와 힌두교를 종합하려는 것임이 뚜렷하다.

이 신을 그들은 또 '그루' 즉 '선생'이라고도 하고 또 '삿남

(참된 이름이란 뜻)이라고도 한다. 이 명사는 불교의 '나무아비타불'처럼 신통력(神通力)과 구원의 능력을 가진 것으로 여겨 신도들에 의하여 즐겨 불려지고 있다.

"그 이름을 잊는 자는 미로(迷路)에 빠진다. …… 그 이름 없이 어떻게 구원을 받을소냐?"

"나는 그 이름에 거하며 그 이름이 내 마음속에 거한다"라고 그 경전에 말하고 있다.

(2) **세계관과 인생관** : 전능하고 영원한 신관에 비하여 이 세계는 공허하며 순간적이며 인간은 무력한 존재이며 신에게 복종하여야 할 창조물이라고 믿는다.

"나나크는 그의 종이며 그는 최상의 신이다."

"사람이 자기가 무엇을 한다고 생각할 때 아무런 행복도 얻을 수 없다."

"신의 명령에 의하여 만물은 각기 그 직능을 행한다. 신의 명령에 의하여 사람은 죽음의 권세 아래 있게 된다. 신의 명령에 의하여 사람은 '진실자'에게 몰입된다."

이와 같이 시크교는 신의 절대적인 권력과 인간의 무능력과 예속성을 강조하고 있다.

(3) **구원관** : 시크교에서 구원이라 함은 신에 대한 지식이나 신을 얻는 것이나, 신에 몰입(沒入)되는 것인데, 인간은 무력한 존재이기 때문에 구원은 신의 은총에 의하여서만 얻어진다고 본다.

신의 은총에 의한 구원의 사상은 힌두교의 경전인 우파니샤드에 나타난 사상과 일치하며 인간의 복종이 구원에 절대 필요하다는 사상은 이슬람교의 도리이다. 그리고 개아(個我)의 영이 우주 영에 몰입함이 구원이라는 사상도 역시 힌두교의 우파니샤드경에 표시된 바이다. 그리하여 시크교의 모든 중요한 교리는 이슬람교와 힌두교에서 취하여 왔다는 사실이 나타난다.

 (4) 예배 의식과 제도 : 시크교의 주요한 예배 의식은 그들의 신을 명상하는 것, 특히 신의 이름을 반복 구송(口誦)하는 것이다. 그 대신 우상 숭배와 제사를 절대 반대한다. 그러한 그들이 경전을 경배함은 이율배반적이라 볼 수 있다.

 시크교의 또 한 가지 구원의 방법으로 중요시하는 것은 '구루(선생)'이다. 즉 '구루를 통하지 않으면 구원을 얻을 수 없다'고 믿는다. 그들은 인간 구루뿐 아니라 그들의 신을 역시 '구루'라 생각한다. 또 한 가지 특색은 그들이 기독교와 같은 조직 아래 교단을 결속하였으며 제 10 대 구루는 기독교의 세례식과 비슷한 식에 의해서 신도를 가입케 하였다.

4. 시크교의 발전과 현황

 나나크에 의하여 창시된 시크교는 2세기 동안 그를 계승한 10명의 '구루'들에 의하여 발전되었고 또 많이 변모되었다. 그중에 특기할 만한 '구루'는 아래와 같다.

 제 4 대 구루인 람다스(A.D. 1574~1581)는 현재에 그들의 경전이 비장되어 있는 신전을 건축하여 그들의 경배의 중심지가 되게 하였으며, 제 5 대 구루인 아르잔(A.D. 1581~1606)은 시크교의 경전 '그랜드'를 편찬하였으며 제 6 대 구루인 할고빈드(1606~1638)는 처음으로 검(劍)을 자신의 권세의 상징으로 삼았으며 시크교의 보루(堡壘)를 축조(築造)하였고 군대를 모집하여 이 종교를 종교적 수도 생활로부터 전투대로 편성하여 인도에 침입하여 통치권을 잡은 이슬람교도들을 대항하였다.

그 이후로 시크교는 평화적 종교로부터 전투적 종교 단체로 변모되어 한때는 시크교의 왕국을 건설하여 그 세력을 인도 동북과 남부 세일론까지 뻗쳤었다. 제 10 대 구루 고빈드 씽(1675~1708)은 친히 경전을 증보(增補)하였으며 교도들에게 명령하여 그의 서거 후에는 경전으로 그들의 구루를 삼으라 하였다. 그 후 시크교도들은 시크 왕국을 건설하여 시크 왕을 세워 계속하여 나가다가 1849년에 영국에 항복하였다.

현재 시크교도의 수는 6,219,000(29쪽 통계표 참조)인데 그들의 신전(神殿)의 대부분이 파키스탄에 있어서 이슬람교도와의 사이에 갈등과 충돌이 격심하다고 한다.

그리고 시크교 자체에는 두 큰 분파가 있는데 한 파는 나나크 판디스파로서 정적주의(靜寂主義)적이고 교조의 교훈을 중시하며 다른 한 파는 칼사 시크파인데 이 파는 제 10 대 구루인 고빈트싱을 더 숭배하여 다른 파보다 더 열성적이며 활동적이다. 이 밖에도 10여 종파가 있다.

5. 결론

위에서 본 바와 같이 시크교는 힌두교와 이슬람교를 종합한 종교이다. 그런 만큼 이 종교로서의 독특성은 없다 하여도 과언이 아니다. 그러나 이 종교에는 장점도 없지 않으니 무엇보다 이 종교의 교조 나나크의 숭고한 인격과 종교적 열정과 포교열은 높이 평가할 점이며 교의에 있어서 철저한 유일신 사상, 신의 은총에 의한 구원을 주장한 점, 배움을 중요시한 점, 그들의 강력한 교단 조직 등은 다 훌륭한 점이다.

반면에 약점도 많으니 무엇보다 힌두교에서와 같이 현실 세계를 한 환영(幻影)으로 보는 점, 경전 자체를 우상시하는 점, 구원의 한 방법으로 불교에서와 같이 신의 이름 자체에 신통력이 있는 것처럼 여겨 그 이름을 구송(口誦)함을 중요시하는 점 등은 그리 높이 평가할 수 없다. 무엇보다 개아의 영이 우주영에 몰입(沒入)되는 것을 목표로 삼는 것은 수긍할 수 없다. 인간을 인격적 존재로 볼 때 인격의 특징은 다른 어떤 존재와도 혼합할 수 없는 독립적인 개성(individuality)을 가졌다는 점이다. 그렇다면 인간의 개아의 영이 어떻게 그릇의 물을 바다에 쏟음으로 그 존재가 소멸되듯 소멸될 수 있을 것인가? 더욱이 시크교가 이슬람교의 인격신을 받아들였다면 인격적 존재인 신에게 어떻게 한 다른 인격적 존재가 몰입될 수 있을까? 이미 마치 수학에 있어서 1+1은 2이지 그것이 다시 1이 될 수 없음과 같다고 할 것이다.

제 3 장
불교(佛教)

불교는 세계 4대 종교의 하나로, 힌두교에서 파생(派生)된 종교이다.

이 종교의 창설자 석가모니는 원래 새 종교를 창설하려던 것은 아니었다. 그가 찾으려던 인생고에서의 해탈을 힌두교에서 얻으려 하였으나 실망한 나머지 그가 깨달은 진리를 기초로 새로운 종교를 창설하기에 이른 것이다.

이 종교는 원래 신앙의 대상으로서 신을 인정치 않았으나 세월이 지남에 따라 불타 자신이 숭배와 신앙의 대상이 되었으며, 그 밖에도 무수한 신 혹은 보살(菩薩) 등을 믿게 되었다.

불교의 세계 신도 수는 1998년 대영백과사전(*Britannica*)에 의하면 3억 5천 300만 명으로 나타나 있는데 이상하게도 그 신도들은 불교가 생긴 인도에는 거의 없어지고 동남아 지역, 미얀마, 타이, 스리랑카에 퍼져 있으며, 티베트에는 라마교의 형태로 유지되고 있으며 동아시아-중국·한국·일본 등에 큰 세력을 가지고 있다.

 우리나라에 불교가 처음 들어온 것은 고구려 제 17 대 소수림왕 2년(A.D. 273)에 진(秦)왕 부견(符堅)이, 중 순도(順道)로 하여금 불상과 불경 등을 보내옴으로부터이다. 백제에는 고구려보다 4 년 후에, 신라에는 그보다도 150 년 후 법흥왕(法興王) 때였다. 그 후 불교는 삼국을 통해서 점점 왕성하여 오다가 신라 통일 시대에는 전성기에 이르렀고 고려조에도 국가적으로 숭봉하는 종교였으나 고려 왕조 말에 이르러 극도로 타락하였으며 이조에 이르러서는 유교를 숭상하고 불교를 배척하여 탄압함에 따라 깊은 산속에서 그 명맥을 유지할 따름이었다.

1. 교조, 석가모니(B.C. 560~480)의 생애

 석가모니(釋迦牟尼)는 기원전 560년 4월 8일 북인도 가비라성(迦比羅城) 주 정반왕(淨飯王)의 태자로 태어났다. 그의 본명은 실달다(悉達多)로서 석가족에 속하였다. '불타' 라는 이름은 '깨달은 사람' 이란 뜻으로 원래 석가모니에게만 쓰는 이름은 아니나 석가모니가 대각(大覺)을 한 까닭에 존칭으로 그에게 붙인 칭호이다. 왕족의 독자로 태어났던 만큼 극히 호와로운 궁중 생활을 하였으며 19 세 때에 결혼하여 10 년간 자녀가 없다가 29 세 때에 귀여운 아들을 낳았다.

석가모니는 어려서부터 사색적(思索的)이며 명상적이어서 비록 호화로운 궁중 생활에 아무런 불편이 없었으나 항상 우울한 나날을 보내고 있었다. 그러던 중 그의 나이 29 세 때에 우울한 심회를 잊어 보고자 이른바 사문유관(四門遊觀) - 즉 그가 동문(東門)에 나갔을 때 그는 피골이 상접한 노인을 보았고, 남문에 나갔을 때는 병자를 보았고, 서문에서는 장사(葬事) 나가는 행렬 곧 송장을 보았고, 북문에서는 도 닦는 이를 보았다고 한다.
　그러나 그 결과는 도리어 그에게 더 큰 문제와 고민을 가져다 줄 뿐이었으니 이 모든 광경은 그에게 삶이란 결국 고(苦)이며 인생의 종말인 죽음이라는 것을 몸소 목도하게 됨에 따라 궁중에서 세고(世苦)를 모르고 자라난 그는 큰 충격과 번민을 가지게 되는 동시에 자기 자신도 결국 그런 운명을 면치 못할 것이라는 결론에 이르렀다.
　특히 그가 북문에 나갔을 적에, 도를 닦는 조용한 수도사 한 사람을 만난 후 그는 궁중에 돌아와 그의 보고 들은 것을 되씹어 보며 인생고에서의 해탈 방법을 찾을 것을 결심한 후 당시 일반 수도사들이 취하는 난행고행(難行苦行)의 방법으로 고(苦)를 벗어날 수 있을 것이라 생각하고 왕자(王者)의 영화와 사랑하는 처자를 버리고 궁중을 빠져나와 수도사가 되었는데 때는 그의 나이 29 세였다.
　그는 처음에는 힌두교에 귀의하여 철학적 명상과 당시에 성행하던 자이나교의 금욕주의와 난행고행으로 인생고에서의 해탈을 얻어 보려고 애쓰고, 한 알의 깨와 쌀 한 톨로써 하루의 양식을 삼으면서 고행을 하는 중 마왕(魔王)의 갖은 유혹도 받았으나 모든 유혹을 물리쳤다고 한다.

이렇게 수도하기 6년 마지막에는 그가 홀로 이련선 하수(尼連禪河) 가의 보리수(菩提樹) 아래 단정히 앉아 7일간을 고요히 깊은 명상에 잠겨 있을 때 크게 깨달음이 있어 그로부터 일체의 번뇌에서 놓임을 받고 무상정각(無上正覺)을 성취하여 불타(佛陀)가 되었는데 이를 가리켜 '보리수 아래 성도(成道)'라고 한다. 불타라는 말은 '깨달은 자'라는 뜻이다.

성도 후 4년-즉 출가한 지 10년 후에 그는 고향 가비라성을 다시 찾아 부왕을 뵈었다. 부왕은 그에게 왕위의 계승권을 버리고 사문(沙門-중)이 된 어리석음을 책하였으나 그는 도리어 불법(佛法)으로써 부왕을 설복하였으며 십 년 동안이나 그리던 남편을 만난 그의 부인 야소다라는 그를 만났을 때 흐느껴 울었으나 그녀 역시 불타의 설법에 감동되어 최초의 비구니(여승)가 되었으며 그의 아들 라골라도 어머니의 권고로 불문에 들어갔다.

그후 그는 임종 시까지 그가 깨달은 해탈의 도를 북인도 모국(母國) 마가다 각지로 순유하면서 전파하여 많은 제자와 신도를 얻었으며 사원도 많이 세웠다.

그는 그의 포교로 얻은 제자 60명을 각처로 내어 보내어 그가 깨달은 해탈(解脫)의 도리를 널리 전하게 하였는데 그들을 내보내면서 그는 "너희는 자비심으로 신(神)들과 중생의 제도(濟度)를 위하여 나아갈지어다 둘이 한 길로 가지 말며 정도(正道)를 전파할지어다"라고 부탁하였다.

불타는 유능한 포교자였다. 그는 설법과 비유 중에는 예수의 그것들과 비슷한 것이 많이 있으니 그중에는 씨 뿌리는 비유, 탕자 비유, 겨자씨 비유 등이 그러하다.

향년 80 세에 그는 노쇠하고 병들어 5백 나한(羅漢)에 둘러싸인 가운데 여러 가지 설법을 하다가 사라수(沙羅樹) 아래서 임종하였는데 때는 기원전 480년 2월 8일(혹 1월 15일, 3월 15일이라고도 함)이었다. 그가 임종 시 그의 제자들 중에는 한 사람도 불법-즉 정도(正道)에 대하여 의혹을 가진 자가 없었다고 한다. 그가 임종 시에 최후로 남긴 말은 "만상은 후패하나니 너희들은 마음을 경계하고 잘 지키며 근면하고 정진하여 '법'을 잘 수행(修行)하라 그리하면 생의 고해를 무사히 건너가리라"하였다.

2. 불교의 교설(教說)

위에 말한 바와 같이 불교는 불타의 깨달은 진리를 기초로 성립되었다. 그러나 어느 종교나 마찬가지로 불교의 교설도 세월이 흐름에 따라 변모하고 또 복잡하게 되었다. 이제 우리는 근본 불교-즉 석가가 깨달았다는 '무상정각'의 내용과 그 밖에 몇 가지 교설을 살펴보고자 한다.

(1) 무상정각(無上正覺)

불타가 깨달은 무상정각이란 이른바 네 가지 '성체(聖諦)', 즉 진리이다. 이 네 성체란 곧 '고(苦)', '집(集)', '멸(滅)', '도(道)'

이다.

　고체(苦諦)란, 모든 존재는 '고' 아님이 없다는 것이다. 즉 생·로·병·사(生老病死) 그 어느 것이 고(苦)가 아닌가? 함이다. 여기에서 그는 고(苦)의 원인을 구명(究明)하여 이를 제거하지 않으면 안 될 것이라 생각하였다. 그렇다면 그 원인은 무엇인가? 이것을 구명하는 것이 곧 집체(集諦)란 것이다. 집(集)이란 원인이란 뜻이다. 그러면 고의 원인은 무엇인가? 이는 '무명갈애'(無明渴愛)이다.

　무명이란 무지(無知)와 미망(迷妄)이며 갈애는 생의 맹목적 욕구와 애착심이다. 즉 사람은 우주 만상과 '나'라는 것의 허무(虛無)의 사실을 깨닫지 못하고 여기에 집착(執着)하여 욕심 부리며 분노하며 다투기도 하는 등의 어리석음을 가지는 데서 고를 벗어날 수 없다는 것이다.

　불교에서는 고의 원인을 업(業)이라고도 한다. 업이란 의지 작용과 언어 행동의 결과를 말한다. 사람이 한 번 만든 업은 인과율의 철칙에 의하여 반드시 현세나 내생에서 업보(業報)를 받는데, 이 업을 멸하기 전에는 다시 고계(苦界)에 윤회전생(輪廻轉生)한다는 것이다. 그러므로 악업(惡業)은 물론, 선업(善業)까지도 멸하지 않으면 열반(涅槃)에 이를 수 없다는 것이다. 불타는 그 원인을 제거하는 진리를 말하였으니 이것이 멸체(滅諦)이다. 멸체란 고의 원인인 무지와 욕망을 없애고 업을 멸함으로 나고 죽는 윤회전생의 수레바퀴를 벗어나 진지(眞知)에 도달하여 열반에 이르는 것을 말한다.

그러면 마지막으로 고의 원인이 되는 무지와 미망(迷妄)과 온갖 욕망과 업보에서 벗어나 열반에 들어가는 방법은 무엇인가? 이것이 이른바, 도체(道諦)이니 이것은 불교에서 말하는 팔정도(八正道)를 지킴으로 소기의 목적을 이룬다는 것이다.

팔정도란 정견(正見), 정지(正志) 또는 정사(正思), 정어(正語), 정업(正業), 정명(正命), 정정진(正精進), 정념(正念), 정정(正定)이다.

정견은 팔정도의 주체인데 사견(邪見)을 떠나서 사체(四諦)의 이치를 깨닫는 것이요, **정지**는 올바른 생각을 가짐인데 사악을 멀리하고 사체의 이치를 연구하여 참된 지식을 얻는 것이요, **정어**는 허망하고 이치에 맞지 않는 말을 하지 않는 것이요, **정업**은 일체 동작을 정견과 정사유에 의하여 행하고 비뚤어진 일을 아니하는 것이요, **정명**은 사명(邪命) – 즉 부정한 방법으로 생계를 유지하는 일을 떠나서 몸과 입과 의지를 깨끗이 하는 것이요, **정정진**은 게으르고 방종하는 생활을 멀리하고 참된 지식으로써 열반의 도에 들어가도록 노력함이요, **정념**은 언제나 올바른 법도를 생각하고 지니며 사특한 생각을 가지지 않는 것이요, **정정**은 참된 지식에 의하여 흠 없고 깨끗한 선정(禪定) – 즉 태산처럼 흔들림 없는 상태에 들어가는 것이다.

이 여덟 가지 정도(正道)는 석존(釋尊)이 성도한 후에 설법하여 "이 정도를 부지런히 수득(修得)하면 능히 열반에 이를 것이라"고 하여 고행과 및 향락에 치우치는 것을 경계한 수양의 방법으로서 불교의 중요한 계율이다.

(2) 삼법인(三法印)

위에 말한 것은 불교의 근본 교설인 바, 이와 병행하여 불교의 인생관과 우주관을 설파(說破)하는 교의가 있으니 이른바 '삼법인(三法印)'이 그것이다. '삼법인'이란 제행무상(諸行無常), 제법무아(諸法無我), 열반적정(涅槃寂靜)이며, '법인'이란 진리를 말함이다. 혹자는 여기에 일체개고(一切皆苦)를 제행무상의 다음에 두어 네 법인이라고도 한다.

제행무상은 우주 만상은 다 무상-영원하지 못하다는 뜻이며, 제법무아(諸法無我)는 제행-우주 만상은 영원하지 못하므로 나(我)라는 존재도 영원성을 가진 것도 아니며 실재도 아니라는 것이다.

불교에서는 '나'라는 것은 이른바 오온(五蘊)의 집합-색(色)·수(受)·상(想)·행(行)·식(識)[1]의 다섯 가지 요소로 이루어진 것이라 본다. 그러므로 '나'라는 구성 요소가 흩어지면 '나'라는 실재는 없어진다고 보는 것이다.

예를 들어 말하자면, 병거(兵車)는 차체, 바퀴, 차축 …… 등으로 만들어졌으므로 이것들을 다 떼어 내어 갈라 놓으면 병거라는 것은 없어지고 마는 것과 같다는 것이다.

그러므로 이와 같이 무상한 세상에서 영원성도 없고 실재도 아

---

1) 색은 물질, 수는 감각, 상은 의식 작용, 행은 생성변화, 식은 의지 작용을 말함.

닌 자아를 실재인 것처럼 알아 여기에 집착되어 늙지도 않고 죽지도 않으려고 아득바득하고 애달아 함은 사람이 어리석고 혼미한 까닭이다. 그러므로 이 어리석음을 알고 제행무상, 제법무아의 진리를 깨달으면 비로소 나고, 늙고, 병들고, 죽는 경지에서 벗어나 일체의 근심과 슬픔, 고뇌는 구름인 듯 안개인 듯 사라져 버리고 마침내 평정 안일의 경지, 아무 구속이 없는 상태에 도달한다는 것이다. 이것이 열반적정(涅槃寂靜)이라는 것으로서 불교의 이상경이다.

(3) 인연관(因緣觀)

이상 논술한 바와 같이 우주와 인생의 진상을 무상유전(無常流轉)이라는 관점에서 나의 실재가 없음을 밝힌 것이 세 가지 법인이라면 이와 병행하여 우주 만상의 연관 관계를 구명하여 무아(無我)의 이치를 설명한 것이 인연관(因緣觀)이다.

즉, 무상관의 견지에서 볼 때 '나'는 없는 것이나 인연관의 견지에서 볼 때도 '나'라는 것은 존재치 않는 것이다. 우주 만상은 다 인과 관계로 이루어지지 않는 것이 없다. 그러므로 '나'라는 존재도 역시 무수한 인연 관계로 된 것이므로 인과의 연속 이외에 따로 '나'라는 독립 자존의 실재가 없다. 있다고 하는 것은 오직 인연 관계뿐이다.

그러므로 제행무상의 견지에서 보나 인연관의 견지에서 보나 언제나 변함없는 자아(自我)라는 것은 없는 것이다. 없는 것을 있는 것으로 생각하여 거기에 집착하는 것은 결국 나의 어리석음

때문이다. 그러므로 이 어리석음에서 벗어나 '무아'의 경지에 이르는 길은, 지적으로는 인연과 무상(無常)의 진리를 깨닫는 것이요, 의지적으로는 팔정도와 육파라밀(六波羅密)[2]을 실천 여행하는 일 즉 도덕의 엄수라 하였다.

(4) 인과응보설(因果應報說)

불교에서는 신을 믿지 않으나 인과 응보의 법칙을 믿는다. 이것은 이 우주 간에 편재한 '행동의 법칙'으로서 피할 수도 없고 막을 수도 없는 비인격적이요 공정무사한 도덕적 보응의 원리이다. 그리하여 불타는 "공중이나 바다나 깊은 산곡이나 악업(惡業)의 결과에 피할 장소는 없는 것이다"(동방성전 10:1, 35)라고 하였다.

불타는 이 악업의 책임의 소재는 결국 자신이며, 유전이나, 사회나, 운명이나, 신이나, 악마에게도 있지 않다고 보았다. 그리고 사람이 모든 고(苦)가 악업의 결과임을 알기만 한다면 그는 능히 개과천선할 수 있다고 믿었다.

(5) 윤회전생설(輪廻轉生說)

위에서 본 바와 같이 불교에는 '나'라는 것이 없고 따라서 영혼의 실재도 인정치 않으나 의지의 활동과 언어 동작이 인(因)이

---

[2] 육파라밀은 보살(菩薩)의 수도법인데, 이를 육도(六度)라고도 한다. 육도는 포시(布施) – 남을 구제하고 도와주는 것, 지계(持戒) – 계율의 엄수, 인욕(忍辱), 정진(精進), 선정(禪定) – 정신집중, 부동심, 지혜, 혹 반야(般若) 즉, 참된 지혜를 얻음 등이다.

되어 생겨나는 결과인 업(業)이라는 것을 인정한다. 그리하여 사람이 죽으면 그 구성 요소인 오온(五蘊)이 해체되므로 '나'는 소멸되고 말지만 그 조작된 업과(業果)만은 그대로 남아 있다가 오온이 다시 모여 사람이나 짐승 등으로 다시 태어날 때에는 그 조작된 업과에 따라 삼계 육도(六道)[3]로 전생(轉生)된다는 것이다.

이와 같이 사람이 열반에 들어가기 전에는 몇천 몇만 번이든지 삼계와 육도를 윤회하면서 전생(轉生)하므로 사체(四諦)의 첫 단계인 고를 면할 수 없으며, 이 고의 원인인 전생(轉生)은 사체의 둘째 단계인 '집'이 되며 이 '집'은 위에서 말한 인연 혹 연기(緣起)가 된다는 것이다.

(6) 열반(涅槃)

위에서 누차 말한 열반은 의미상으로 멸(滅), 적멸(寂滅), 무위(無爲), 불생(不生), 진여(眞如) 등으로 표시하기도 하는데 이것은 불교의 이상경(理想境)으로 기독교에서의 천국에 해당한다고 볼 것이다. 이것은 모든 미망(迷妄)과 번뇌를 벗어나고 다시 업인(業因)이 없고 고계(苦界) — 즉 삼계 육도에 윤회하지 않는 경지이다. 열반의 근본 뜻은 '분다', '꺼진다'는 것으로 위에 말한 '멸', '적멸'의 뜻이다.

---

3) 삼계 육도 : 삼계는 욕계(欲界), 색계(色界), 무색계(無色界) 혹은 과거, 현재, 미래, 三世를 가리킴.
  육도는 천상(天上), 인간(人間), 축생(畜生), 수라(修羅), 아귀(餓鬼), 지옥(地獄)을 가리킴.

열반에 관한 설명에는 두 가지가 있으니 하나는 인격과 의식의 완전 소멸을 뜻하는 것이다. 불타는 미래의 삶을 원치 않는 자, 존재(생존)의 인(因)을 멸절한 지자(知者), 욕망을 끊어 버린 자는 이 등불처럼 사라진다(동방성전 10:2, 39)고 하였다.

그러나 다른 설명은 허무적멸의 소극적 의미가 아니요 부정무상(不定無常)의 육체와 정신이 함께 소멸되고 전생(轉生)의 고계를 벗어나 아무런 속박과 거리낌이 없는 절대 평등, 절대 안일의 실체(혹 본체)에 돌아가는 것이라고 한다.

(7) 보살(菩薩)과 아미타불(阿彌陀佛)

불교에서는 보살이라는 칭호를 많이 쓴다. 보살은 많은 수행으로 부처가 될 단계에까지 도달하였으나 중생 제도를 염원하여 보살로 처져 있는 부처 다음가는 성자(聖者)라는 것이다.

아미타불은 여러 부처 중에 하나이다. 불교에서는 다섯 부처가 있는데 그중에 하나가 석가모니불이 되어 세상에 나타났으며, 아미타불은 과거불도 아니며 미래불도 아니며 현세불로서 중생이 제도(濟度)를 받는 데 제일 큰 관계가 있다고 믿는다. 나무아미타불(南無阿彌陀佛)이라는 말의 '나무'는 '귀의'(歸依) 또는 신앙이란 의미이며 아미타불을 신뢰한다는 뜻이다.

(8) 소승 불교(小乘佛敎)와 대승 불교

불교에는 두 큰 조류(潮流) 혹 파(派)가 있으니 소승(Hinayana)과 대승(Mahayana)이다. 승(乘)이란 말은 운반(運般), 운재(運載)

의 뜻으로서 불교를 '열반'의 저편 언덕에 실어다 주는 '타는 물건'에 비겨서 되어진 술어이다.

소승과 대승의 구별은 석가 별세 후, 수 세기를 지나서 불교의 교설에 대한 해석의 차이로 말미암아 생겨진 것이다.

첫째로 불신관(佛身觀) - 불타의 인격에 대하여 소승 불교는 불타는 다만 위대한 스승으로서 해탈 득도한 후에 인간들에게 해탈의 도를 가르쳐 주었다고 믿는데 반해, 반승 불교는 불타의 선재설(先在說)을 믿어 그가 중생 제도의 원력(願力)에 의하여 화신(化身)하여 세상에 출생하였다고 믿는 것이다.

그 다음에 구원관에 있어서는 소승은 승원(僧院) 본위, 승려 본위이며 또 이기주의적이며 개인주의적이다. 따라서 불교의 이상인 열반은 아무나 쉽사리 얻을 수 없는 것이므로 출가수도(出家修道)하는 수도승이 아니면 얻기 어렵다고 보며 또 자기 한 사람이 득도 해탈하여 아라한(阿羅漢 : 부처 다음가는 성자)이 되는 것으로 만족하나 대승은 일체 중생이 다 불성(佛性)을 가졌으므로 누구나 다 구원을 받을 수 있다 하여 중생 제도를 목적한다.

이로써 보면 소승은 귀족적이며 소극적이요 비사회적인 반면 대승은 대중적이며 적극적이고 좀 더 박애주의적이라 볼 것이다.

불교의 분포 지역을 보면 소승 불교는 인도 남방으로 전파되었고, 대승 불교는 북방으로 전파되어 이것이 중국을 거쳐 한국에, 다시 일본까지 전파되었다.

3. 불교의 경전

불교 경전의 편찬을 결집(結集)이라 한다. 불교 경전의 결집은 석가 서거 후 백 년경부터 시작되어 기원후 2세기 초까지 4차에 걸친 결집을 통하여 완성되었다. 제 1 차 결집 시 이를 경(經), 율(律), 논(論)의 삼장(三藏)으로 구분하였는데 경은 불타의 교설(敎說)을 모은 것, 율은 계율을 모은 것, 논은 불타의 교설을 해설해 놓은 것이다.

불교 경전은 원래 팔리(Pali)어로 기록되었으며, 후에 불교가 중국으로 전래됨과 함께 한역(漢譯)되었고 이것이 한국과 일본으로 전해졌다. 그리고 1875년경 영국인 어학자 맥스 뮐러(Max Müller, 1823~1900)에 의하여 영역되었다.

현존한 불경으로 가장 완비된 것은 일본에서 1885년에 축쇄판으로 출판한 대장경(大藏經)인데 총 1926 부에 8537 권의 놀라운 분량이다.

4. 불교의 윤리

(1) 불교의 윤리

불교의 윤리는 어디까지나 자력(자율)주의다. 힌두교에서 믿는 범천(梵天)의 도움이나 제사의 효력을 부인하고 자력으로 극기(克己)하며, 도덕적 수련을 쌓는 것을 강조한다. 그러나 대승 불교는 타력적(他力的)인 면이 많다.

(2) 평등주의

불타는 힌두교의 계급주의를 절대 반대하였다. 그는 사람의 높고 낮음은 계급에 있지 않고 도덕적 품격에 달렸다고 하였다. 어느 계급에 속하였든지 승원(僧院)에 들어감과 함께 평등이 되는 것이다. 그러나 여자를 천시하였으며 여자를 위하여는 별도의 사원을 창설하였다.

(3) 계 율

불교에는 오계(五戒) - 살생하지 말 것, 도적질하지 말 것, 간음하지 말 것, 거짓말을 하지 말 것, 술을 마시지 말 것 등이 있다.

그러나 오계 이외에 일반 승려들에게 주는 다른 오계가 있는데, 이것은 도덕적 계율이 아니요 불승들의 일상 생활에 관한 것이다. 즉 오정 이후에 음식하지 말 것, 춤이나 노래나 유희하지 말 것, 화환 향료 사치품을 쓰지 말 것, 높고 넓은 침대를 쓰지 말 것, 금은 보석을 소유하지 말 것 등이다. 이것은 불승(佛僧)들의 금욕 생활에 대한 계율이다.

요컨대, 불교의 윤리는 소극적이고 억압적이며 개인주의적인 동시에 반사회적이며 정적(靜的)이다. 그러나 불교의 최종적 목표와 이상은 윤리와 도덕의 범주(範疇)인 선악도 초월하는 데 있다. 왜냐하면 불교의 이상경(理想境)인 열반은 선악미추(善惡美醜)의 상대적 경지를 넘는 절대경인 까닭이다.

5. 불교의 선(禪)과 기도

'선(禪)'이란 말은 범어(梵語) 선나(禪那, Dhyana)의 약어이다. 정사(靜思), 사유사(思惟修), 정(定)이라고도 번역한다. 불교에서 가장 중요시하는 수양법이다.

그 방법은 고요히 꿇어앉아, 마음을 안정하고 불교의 근본 진리로 보는 삼법인(三法印) 혹은 사법인 – 제행무상(諸行無常), 제법무아(諸法無我), 열반적정(涅槃寂靜), 일체개고(一切皆苦)를 염(念)하면서, 모든 이치를 달관하여 전체를 통관하는 지혜를 얻으려는 정신 수양의 방법이다. 불서 아비담론(阿毘曇論)에서는 단결고, 명선(斷結故, 名禪)이라 했다. 결은 속박의 뜻이다. 우리 마음의 미혹을 퇴치함을 뜻한다. 불교의 한 종파인 선종(禪宗)에서는 불법의 전체를 총괄 파악하는 것을 선으로 본다.

불교에서의 선의 대표적인 예는 석가모니 불의 이련선하 보리수(尼連禪河 菩提樹) 아래서의 7 일간의 명상 끝에 고(苦)로부터 해탈의 도를 깨달아 불교를 창설했다는 사실에서 볼 수 있다.

모든 불도들은 석가모니를 본받아 사색과 명상을 통하여 해탈의 진리를 깨닫고, 고에서 벗어나 열반에 이르고자 하는 것이다. 불도들은 이 좌선(坐禪)의 방법으로 특히 제행무상, 제법무아의 진리를 깨달음으로 모든 고의 원인이 되는 아집(我執)에서 벗어나 참된 '나'를 찾아 해탈 득도한다는 것이다.

그러면 선은 기독교나 기타 유신 종교(有神宗敎)의 기도와 어떻게 다른가? 불교에서의 선은 자기 수양의 방법인 바 이 방법으로써 진리를 탐구하며 자신을 성찰하며 모든 인간 욕망뿐 아니라 희로애락오욕(喜怒哀樂惡慾) – 모든 인간적 감정을 억제 내지 근절함으로 모든 번뇌에서 벗어나 열반(불교의 이상의 경지)에 이른다는 것이다.

그러므로 선에는 무슨 대상이 없다. 대상이 있다면 그것은 자기 자신이며, 또는 우주 전체의 밑바탕에 깔려 있는 이법(理法)이라 할 것이다.

그러나 불교에서의 선의 기본 철학인 제행무상, 제법무아 – 자아의 존재를 부인하는 망상 등으로 모든 번뇌에서의 해탈이 가능할까? 우주는 실재하며 자아라는 실체도 실재한다. 그리고 불교는 인간의 모든 욕망을 벗어 버리는 것으로 목적을 삼으나 인간은 욕망의 충족에 의하여 발전하며 향상한다. 좀 더 원만한 인격을 이루려는 욕망 좀 더 풍부한 지식을 얻으려는 욕망 등이 없이 어떻게 인류의 향상이 있을 것인가?

불교에서의 선을 기독교나 기타 유신 종교의 기도와 비교해 볼 때 기도에도 물론 불교의 선의 일면도 없지 않다. 자기 반성, 진리 탐구 등이 그것이다. 그러나 기도는 원칙적으로 창조주 신을 상정(想定)하며, 그와의 대화가 주목적이다. 때로는 기도자의 기원을 아뢰기도 하며 이것의 성취를 빌기도 한다. 그러나 기도의 주목적은 예수의 기도에서와 같이 신의 뜻을 발견하고 그 뜻에 합당한 태도와 생활을 추구하는 데 있다. 이런 점에서 기도는 불교의 선보다 차라리 힌두교의 신에의 몰입(沒入) 혹은 합일에 더 가깝다 할 것이다.

기독교의 입장에서 본다면 피조물이며 죄 많은 인간은 선의 방법-자기 수양의 방법으로는 절대로 자기 완성의 목적을 이룰 수 없고, 오직 신의 은총과 도움에 의하여서만 가능한 것이다. 만고의 성인 사도 바울은 "내가 원하는 바 선은 하지 아니하고 도리어 원치 아니하는 바 악은 행하는도다"(롬 7:19) 하고 "내 속사람으로는 하나님의 법을 즐거워하되 내 지체 속에서 한 다른 법이 …… 내 지체 속에 있는 죄의 법 아래로 나를 사로잡아 오는 것을 보는도다"(롬 7:22~23) 하여, 인간의 수양이나 도덕적 수련의 방법으로는 도저히 "원하는 선"을 할 수 없음을 고백하였다.

불교에서의 선의 방법으로 참된 나를 찾는다 호언장담하나, 죄 많은 인간이 참된 나를 찾는 길은 오직 창조주 하나님 앞에 나아가 죄의 용서를 받고 거듭나 새 사람 됨으로써만 가능하다.

6. 결 론

위에서 우리는 불교의 윤곽을 더듬어 보았다. 이제 우리는 기독교와 불교를 잠시 비교해 보려 한다. 물론 불교에도 장점이 많이 있으니 불타의 고상한 인격, 그의 진리 탐구의 열의, 목적 달성을 위한 자기 희생의 정신, 그의 포교적 열정, 중생제도의 열망, 불교의 고상한 도덕률인 5계, 인간 평등의 사상과 도덕적 품격을 중시하는 점 등이 다 불교의 탁월한 점이다.

그러나 불교의 근본적 결함은 인생과 우주의 실재(實在)를 부정하는 점이다. 존재를 부정하기 때문에 모든 철학자, 사상가들이

찾고자 하는 존재의 원인을 문제 삼지도 않는다. 불교는 원래 무신론의 종교이다. 그러나 자아를 부정(否定)함은 종국에 자기 모순에 빠지고 만다.

왜냐하면 데카르트의 논법을 따르면 자아(自我)를 부정할 때 그 부정하는 주체(主體)를 부정하는 것이 되니 부정하는 주체가 없다면 부정한다는 사실까지 부정되기 때문이다.

이와는 반대로 기독교는 우주와 인생의 근원으로 하나님을 인정하며, 또 그 실재성도 인정하며 또 자아의 주체인 영혼의 존재를 인정하며 이것은 창조주 신이 부여(賦與)하신 것이라 본다.

불교는 인생의 실재를 부인하기 때문에 그 가치를 또한 인정치 않는다. 실재를 인정치 않는 것에 가치가 인정될 리 없다.

불교에서 불타의 대자대비(大慈大悲)를 높이 평가하나 허무하고, 실재가 없고 다만 오온(五蘊)의 집합이며 이것들이 헤어지면 운산무소(雲散霧消)하듯 사라지고 만다는 그 인생을 무엇 때문에 사랑한다는 것인가? 불교의 근본 사상은 인생 가치의 전적 부인이다.

그러나 기독교는 인생의 가치를 고조한다. 예수께서는 외치셨다. "사람이 만일 온 천하를 얻고도 제 목숨을 잃으면 무엇이 유익하리요 사람이 무엇을 주고 제 목숨을 바꾸겠느냐"(마 16:26) 여기에 목숨은 육체의 생명을 말함이 아니요 영적 생명 - 즉 인격 혹은 자아를 말함이다.

기독교는 자아의 존재와 그 가치를 전적으로 인정한다. 인간의 존재와 그 존귀성이 부인된다면 우리는 생의 의의와 가치를 찾을 수 없다.

　불교는 중생제도(衆生濟度)를 목적한다. 특히 대승 불교가 그러하다. 그러나 불교가 말하는 중생제도(구원)란 사람이 현실 세상을 전적으로 부인하고 출가(出家)하여 수도사가 되어 홀로 석가모니 모양으로 보리수 아래서 모든 욕망을 단절하고 참선(參禪)을 함으로 열반에 들어가게 되는 것이다. 왜냐하면 불교의 교리에 의하면 우리에게 털끝만큼이라도 욕망이 남아 있는 한 우리는 다시 고(苦)의 세상에 태어나기 때문이다.

　그러므로 불교가 말하는 구원은 극히 귀족적인 것으로 극소수의 수도사들만이 얻을 수 있는 것이요(이것도 문제이나) 현실 세상에서 모든 사회적 책임을 감당하고 사는 사람들에게는 실현 불가능의 것이다.

　그러나 기독교의 구원은 현실 세계 안에서 이루어지는 전인적 구원이며 성육신적 구원이기 때문에 현세를 부정하거나 떠날 필요가 없다. 그리스도께서도 육신의 몸을 입고 이 현실 세상에 오셨다. 참 구원은 현실 세상 속에서 이루어지고, 구원받은 후의 성화로 현실 세상 속에서 이루어진다.

　기독교가 세상을 부정하는 경우는 이 세상이 신의 뜻에 어그러지는 때에만 한하며, 기독교인은 이 세상을 천국화함이 그 목적이다. 하나님의 나라가 하늘에서 이루어진 것처럼 이 땅에서도 이루어지기를 바라며 세상을 섬기고 세상을 구원한다.

　기독교가 불교처럼 인간의 욕망을 부인한다는 점에서 공통점이 있다. 차이점이 있다면 불교는 인간 자체를 욕망의 화신으로 보아 인간의 욕망이 사라짐, 즉 무아의 경지, 인간 존재의 소멸을 구원이라고 하지만 기독교의 구원은 육신의 소욕인 인간의 욕망을 부인하고 대신 성령의 소욕, 즉 하나님의 뜻을 따르는 것이며, 하나님의 형상을 회복하는 것이다.

제4장
유교(儒敎)

　유교는 세계 3대 종교 혹은 4대 종교의 하나이다. 그러나 학자들 간에는 엄밀한 의미에서 유교는 종교가 아니요 사회 생활에 필요한 하나의 실천 도덕이라고 규정짓는 이도 많다. 이는 유교의 창설자라고 할 수 있는 공자의 사상을 검토한다면 그의 교설은 종교 신앙의 특색이라 할 천(天)에 대한 신앙을 기초로 한 것이 아니요, 인·의·예·지(仁義禮智), 효·제·충·신(孝悌忠信) 등 사회 생활의 규범과 질서를 중시하여 역설하였다는 점에서 그렇다고 보는 것이다.
　그러나 그의 사상을 엄밀히 살펴본다면 그는 천(天) 혹은 천명(天命)에 대한 확고한 신념이 그의 의지와 생활을 지배했다고 볼 수 있는 만큼 유교는 역시 종교임에 틀림없다고 보아도 과언이 아닐 것이다.

오늘날에는 유교의 본거지인 중국이 종교를 전적으로 부인하는 공산 세계로 되어 있는 만큼 유교의 세력은 자유 중국과 또는 유교의 영향을 받은 한국, 일본 등에서 그 잔명(殘命)을 유지하고 있으나 유교는 한족(漢族) 문화의 기간(基幹)이 되어 있으며, 그들의 사상에 밑바탕이 되어 있는 것이다.

유교도의 숫자는 다른 종교의 신도와 같이 정확한 숫자를 파악하기는 어렵다. 그러나 1998년 『대영백과사전(Britannica)』에 의하면 2억 7천만으로 나타나 있음을 볼 수 있다. 이 통계는 1953년도판에 게재된 3억에 비해 감소된 추세를 보여 주고 있다.

1. 공자의 생애

위에서도 언급한 바와 같이 유교는 어느 한 사람의 창설자가 없다. 일반적으로 유교의 창시자를 공자라 생각하며 따라서 영어로는 유교를 공자교(Confusianism)라고까지 하지만, 실제 공자는 "자신은 조술(祖述)만 하고 창작하지 않았으며, 믿어 옛것을 좋아한다(述而不作, 信而好古)" [1]고 말한 바와 같이 참된 의미에서 그는 유교의 창설자가 아니요, 다만 고성선왕(古聖先王)의 도를 집대성(集大成)한 데 지나지 않는다.

그럼에도 불구하고 유교가 한 사상 체계 내지 실천 도덕으로 종교의 이름을 띠게 된 것은 결국 공자의 공헌임에는 틀림없다.

---

1) 全南 儒道 彰明會, 懷中論語, 述而, 卷七, 117.

따라서 우리는 공자의 생애와 그의 인격을 잠시 살펴볼 필요가 있다.

공자는 주영왕(周靈王) 2년 노양공(魯襄公) 22년 - 기원전 551년 11월 21일, 노국 창평향 추읍(魯國昌平鄕 諏邑, 現中國山東省曲阜縣)에서 탄생하였다. 그의 이름은 구(丘), 자(字)는 중이(仲尼)이며 그의 부친은 숙량흘(叔梁紇), 모친은 안징재(顔徵在)인데 아버지의 셋째 부인으로서 아버지보다 50세나 연하의 여인이었다. 안씨 부인은 동네 근처에 있는 이구산(尼丘山)에 올라 산신제(山神祭)를 지냈으며, 그로부터 그에게는 태기가 있어 마침내 아들을 낳았다고 하는데, 이구산에 빌어 낳았다 하여 아들의 이름을 구(丘)라 하였으니 이가 후일 동아시아 여러 나라의 윤리 도덕 내지 정신 생활에 군림(君臨)하여 대성지성 문선왕(大成至聖文宣王)의 시호(謚號)로서 추앙을 받는 공자이다.

그는 그 아버지 숙량흘의 둘째 아들이었다. 맏아들은 아버지의 재취에게서 태어났는데 불구자였으며, 첫 부인에게서는 딸만 아홉이 있었던 만큼 공자는 아버지와 어머니의 극진한 사랑 가운데서 자라났다. 그러나 불행하게도 그가 세 살 때, 아버지가 72세의 고령으로 별세하게 되니 그는 젊은 홀어머니의 양육 아래 자라났다.

중이(仲尼)의 유년 시대에 관하여는 자세한 기록이 없고 다만 그가 세 살 때 아버지를 잃었다는 사실과, 어렸을 때 조두(俎豆 -祭具)를 가지고 제사드리며 놀았다는 기록밖에 없다. 그러나 중이(仲尼)의 어머니 안씨 부인은 아들에게 그가 왕족의 후예이며,[2] 명문거족(名文巨族)의 출생임을 들려 주어 후일에 큰 인물이 되도록 격려해 주었다.

중이(仲尼)의 가정은 그리 넉넉하지 못하였다. 따라서 그는 당시의 사대부(士大夫)-귀족 계급의 가정에서 13세에 악(樂)을 배우고, 약간의 시를 외우고, 작 또는 상(象)이라는 춤을 배우는 관습대로 교육을 받지 못하고, 그의 후일에 회상한 바와 같이 열다섯 살에 교육을 받기 시작했다. 그러나 그것도 어느 한 선생의 문하에서 배운 것이 아니요 한 가지 재주와 한 가지 능한 것(一藝一能)이 있는 인물을 찾아 다니며 배웠다 한다.

당시의 교육 과정은 주로 예, 악, 사, 어, 서, 수(禮, 樂, 射, 御, 書, 數)였다. 즉 예법, 음악, 활 쏘기, 말 달리기, 글, 산수였는데 그 중에도 그는 시, 서, 예, 악(詩, 書, 禮, 樂)에 전념하였으며, 특히 예(禮)를 중요시했다.

그리고 그는 평생 동안 배우기를 게을리 아니했다. 그리하여 그는 "열 집이 있는 동네에 구(丘, 공자의 이름)와 같이 충성스러운 사람은 있을 것이나 구(丘)의 배우기를 좋아하는 것 같은 사람은 없을 것이다" 또는 "자기는 배우기를 싫어 아니하고 가르치기를 게을리 아니한다"고 하였다.

그는 34세에 그가 평소부터 사모하던 종주의 나라(宗主國) 주

---

[2] 공자의 조상 중에 미자계(微子啓)라는 사람이 있었는데 그는 은(殷)대 주왕(紂王)의 서형(庶兄)으로 주왕의 폭정(暴政)을 간하다가 듣지 않으므로 벼슬을 내던지고 물러나온 지사(志士)였다. 그후 그는 주 왕조(周王朝)의 시대에 송(宋)나라의 왕으로 책봉받았다.

(周)를 방문하였는데, 그 목적은 주(周) 나라의 어진 임금 요, 순, 우, 탕(堯, 舜, 寓, 蕩)의 임금과 주공(周公-무왕(武王))의 영제(令弟)의 성덕(聖德)을 좀 더 배워 보고자 함이었다.[3]

이때에 그는 도교(道敎)의 창설자 노자(老子)를 찾아보고 예를 묻기도 하였고, 음악에 능한 장공(長空)이란 사람을 찾아 음악에 대하여도 배웠다. 노자를 방문하였을 때 노자는 청년의 혈기가 왕성한 공자에게 "지혜로운 상고(商賈)는 그의 재보(財寶)를 깊이 감추어 없는 것같이 하며, 군자는 성덕(聖德)과 용모가 어리석은 것같이 보이는 법이다. 그대는 교기(嬌氣)와 다욕(多慾)과 태색(態色)과, 음지(淫志)를 버리라"는 권고를 받았다 한다. 이 뜻밖의 신랄(辛辣)한 비판을 받은 공자는 깊이 감동되어 그의 제자에게 "나 오늘 처음으로 용(龍)을 만났다"고 말했다 한다.

그가 주(周)에서 돌아온 후부터 그에게는 많은 제자들이 모여들어 그의 높은 교훈을 받았다. 이때 그의 나이 겨우 36세였다. 그후 제자의 수가 점점 늘어 한때는 3천 명까지 되었던 때도 있었다.

이와 동시에 그는 고성 선왕(古聖先王 : 옛 성인, 선대의 임금)의 도(道)와 보국안민(輔國安民)의 정치 이념을 실현시켜 보고자 하였다. 그러나 "그 자리에 있지 않으면 그 정치를 꾀하지 않는

---

3) 周公의 이름은 具이요, 武王의 동생이다. 그는 무왕을 도와 殷나라를 멸하고 周 왕실의 기초를 닦았으며 무왕이 재위 7년에 몰하자 무왕의 아들 成王을 왕위에 앉히고 보필하여 선정을 폈다. 공자는 주공의 성덕을 찬양하고 사모하는 나머지 그를 꿈에 만나 보았다 했다.

다"는 그의 말과 같이 자신의 포부와 이상을 실현할 관직(官職)을 얻어 보고자 여러 제후국을 방문하였다.

처음에는 모국(母國) 노에서 식산(殖産)을 맡은 관리로 봉직하다가 정공(定公) 9 년 52 세에는 중도(中都) 땅의 재(宰, 군수직)로 임명되어 자기 관할 하의 질서의 확립과 민심의 순화(醇化)의 실적을 나타냈으며 그후 다시 승진(昇進)되어 사공(司空 : 농업, 토목 사무) 벼슬을 했으며 그 후 또다시 대사구(大司寇 : 사법대신)직에 등용되었는데 그가 취임한 지 얼마 되지 않아서 국내 질서는 정돈되어 범죄가 없어지고 형법의 필요가 없게 되었다 한다.

그의 재직 중 그는 세도가(勢道家), 소정묘(小正卯)가 실정(失政)을 하므로 그를 단죄(斷罪)하여 사형에 처하여 국내의 기강을 세웠다. 그는 내치에만 성공한 것이 아니라 외교에도 혁혁한 공을 세웠다 한다.

공자의 이러한 눈부신 내치 외교로 노의 국위가 이웃 나라에까지 떨치게 되어 이를 시기 내지 두려워하는 제(濟)나라는 미녀(美女) 60 명과 준마(駿馬) 수십 필을 노국에 보내 말하자면 뇌물과 미인계(美人計)를 써서 정공을 유혹하여 그로 미색에 빠져 국정에 게을리하게 하였다.

여기에서 공자는 크게 실망하여 분연히 모국 노(魯)를 떠나 이웃 여러 나라로 유랑하면서 자신의 정치적 이상을 실현할 기회를 찾아 헤매었던 것이다. 때에 그의 나이 55 세였다.

모국을 떠난 그는 위(衛), 조(曹), 송(宋), 광(匡), 정(鄭), 진(陳), 채(蔡), 엽(葉), 초(楚), 제(齊) 등을 14 년간이나 순방하였

으나 끝내 등용(登用)되지 못할 뿐 아니라 여러 차례 위기도 당하였다. 그리하여 그는 68세의 고령으로 다시 모국 노에 돌아왔는데 때는 기원전 484년이었다.

귀국 후 그는 국로(國老) 즉, 추밀(樞密) 고문 격의 대우를 받으며 정치의 자문에 응하는 한편, 제자들을 가르치는 동시에 시서(詩書)와 예악(禮樂)의 편집과 예로부터 전해 내려오는 역학(易學)의 연구도 하였다. 무엇보다 특필할 것은 춘추(春秋)라는 노국의 역사(노국-은공[隱公]에서 애공[哀公]까지 12대 동안)를 편찬한 일이다.

춘추는 노국의 역사를 냉철한 과학적 입장에서 기술한 것이 아니라 구약 성경의 역사서와 같이 날카로운 도덕적 비판 아래 선악정사(善惡正邪)를 밝힌 것이다. 따라서 후일에 치우침 없이 선악정사를 예리하게 비판하며 기록하는 필치(筆致)를 춘추필법(春秋筆法)이라 부른다.

그의 만년에는 많은 불행이 있었다. 그의 외아들 백어(伯魚)가 공자보다 앞서 죽었고, 그의 가장 총애하는 제자 안연(顏淵)이 그 이듬해에, 다른 제자 자로(子路)가 또 그 다음 해에 죽었다. 그리고 그해 4월 어느 날 아침 평상시 같이 일찍 일어난 그는 감회 깊은 어조로 "태산이 무너지려는가? 들보는 꺾이려는가? 철인은 시들려는가?" 하는 시를 읊조렸다. 자신의 임종이 가까왔음을 예감하였던 모양이다. 7일 후 그는 과연 병으로 누워 향년 74세를 일기로 고요히 세상을 떠나니 때는 노 애공(哀公) 14년이요 기원전 479년 4월 11일이었다. 그의 유해는 노의 성북 사수(泗水)

근처에 안장되었다.

2. 맹자

　공자와 함께 유교의 발전에 큰 공헌을 한 이는 맹자였다. 그러므로 맹자의 생애와 사상을 여기에 잠시 살펴보고자 한다.
　맹자의 이름은 가(軻), 자는 자여(子輿)인데 주(周)의 열왕(烈王) 5년 즉, 기원전 371년에 공자의 모국 노의 부근 추(鄒)라는 땅(중국 산동성 : 裵州府 鄒縣)에서 출생하였다. 어려서 그는 어머니의 훌륭한 교육을 받았으니 맹모삼천(孟母三遷)의 가르침은 유명한 이야기다.
　장성하여 공자의 손자인 자사(子思)의 문하에서 공부하였으며, 따라서 공자의 교훈을 간접으로 많이 접하였으며, 자신을 공자의 후계자로 생각하였다. 그는 공자에 비하여 좀 더 독창적이었으며 진보적이었다. 그 역시 어지러운 세상을 바로잡고 도탄에 든 백성을 잘살게 해 보고자 여러 나라로 유세(遊說)하면서 그의 탁월한 정론(政論)과 경제 정책을 건의하였으나 용납되지 않아 마침내 57 세에 귀국하여 제자를 모아 가르쳤다.
　그는 성선설(性善說)을 주장하여 그의 윤리, 철학, 정치의 기본 사상을 삼았으며 사단설(四端說)을 주장하였는데, 사단설은 측은히 여기는 마음은 인(仁)의 끝이요 부끄러움을 아는 마음은 의(義)의 끝이요, 사양하는 마음은 예(禮)의 끝이요 시비(是非)를 가리는 마음은 지(智)의 끝이라 하여 '인의예지(仁義禮智)'는 인간의 본성임을 말하였다.

　정치론에 있어서는 백성을 귀중히 여겨야 할 것을 논하여 2천여 년 전에 벌써 민주주의 정신을 고취하였다. 그리고 "항산(恒産)이 없으면 항심(恒心)이 없다"하여 경제 생활의 중요성을 고조하였다.

　그의 교설과 사상을 수록한 맹자(孟子) 7 권이 전하여져 귀중히 여겨지고 있다. 그는 난왕 26년 기원전 289년에 서거하였는데 그의 향년 83 세였다.

3. 유교의 경전

　유교의 경전은 사서삼경(四書三經) 혹은 육경이라 하는데 논어, 맹자, 중용, 대학, 역경, 서경, 시경이며, 여기에 춘추, 예기, 효경을 추가한다.

　논어(論語)는 공자의 언행록이라고 할 수 있는 것으로써, 그의 제자들이 후일에 편집한 것이다. 맹자(孟子)는 맹자가 그의 제자들 또는 그 당시의 왕후들로 더불어 변론한 것을 수집한 것인데, 그의 정신, 사상, 인격을 잘 나타내고 있다.

　중용(中庸)은 공자의 손(孫), 자사(子思)의 저술이라고 하는데 유교의 우주관, 인생관을 표시한 책이라 볼 수 있고 대학(大學)은 공자의 제자인 증자(曾子)가 편술한 것으로서, 대학의 교과서로 편찬한 것이며 역경(易經)은 변화하는 우주의 생성 원리(生成原理)를 설명한 책으로써 주대(周代)에 저술되었으므로 주역이라

한다.

 무극(無極)은 태극(太極)을 낳았고 태극은 음양이기(陰陽二氣)를 낳았으며 음양 이기로 만물이 생겼다고 보는 것이 역의 원리이다. 서경(書經)은 중국의 역사 개설이라 할 것이다. 여기에는 도덕적 교훈도 포함되어 있다.

 시경(詩經)은 구약의 시편과 같은 것으로 중국 고대 시집이다. 공자가 발췌, 편찬한 것이 311 편인데 남아 있는 것은 305 편이다. 예기(禮記)는 고대의 관제(官制)와 관혼상제의 의례(儀禮)와 사회 생활상의 예법을 기술한 책이다. 춘추(春秋)는 공자 이전의 노(魯)의 역사이다. 효경(孝經)은 공자의 효도에 대한 교훈을 그의 제자 증자가 편찬한 것이라 한다.

4. 유교의 교설

 위에서 말한 바와 같이 유교는 공자 한 사람이 창설한 종교는 아니지만, 그는 유교 사상을 대표할 수 있는 만큼 그의 사상을 중심으로 유교의 교설을 약술하고자 한다.

 (1) 군자론(君子論)

 유교의 도덕적 이상은 군자(君子)이다. 이 '군자' 란 말이 논어에 88 차나 나타나 있다. 군자는 어떤 인물인가?

 공자에 의하면 군자는 무엇보다 인(仁)을 존중히 여겨 이것을 추구한다. 그는 "군자는 밥 먹는 동안이라도 인에서 벗어나지 않는다" 하였으며, 또한 "군자가 인을 버리면 무엇으로 그 이름을 나타내리요(君子去仁 惡乎成名)"[4] 하였는데, 이 말은 군자는 '인'을 생의 최고 목표로 삼는다고 하는 말이다.

군자는 또한 의(義)를 존중히 여긴다. 그는 "군자는 의에 대하여 밝고 소인(小人)은 이(利)에 대하여 밝다(君子喩於義 小人喩於利)"[5] 하였으며 맹자는 "사는 것도 나의 원하는 바요, 의(義)도 나의 원하는 바이나 이 두 가지를 다 얻지 못할진대 사는 것을 버리고 의를 취하겠노라" 하여 의를 삶보다도 더 중히 여겼다.

공자에게 있어서 인(仁)과 의(義)는 사람이 마땅히 밟아야 할 도(道)이다. 그는 "사람이 문을 통과치 않고 어떻게 밖에 나갈 수 있는가, 그런데 어찌하여 사람들은 이 도(道)를 따라 살려하지 않는가(誰能出不戶, 由何莫由斯道也)"[6] 하였다.

이 도는 인생 최고의 목표이다. 그래서 그는 "아침에 도를 들었으면 저녁에 죽어도 좋다(朝聞道 夕死可也)"[7]고 하였고 "군자는 도를 꾀하고 먹는 것을 꾀하지 않는다(君子謀道 不謀食)"[8] 하였다.

군자는 또한 예(禮)를 존중히 여긴다. "군자는 의로써 바탕을

---

4) 論語, 里仁 卷四, 53
5) 論語, 里仁 卷四, 64
6) 論語, 雍也 卷六, 107
7) 論語, 里仁 卷四, 56
8) 同書 衛靈公, 卷十五, 283

삼고 예(禮)로써 행한다 …… (君子義的爲質, 禮的行之)" [9]란 말이라든지 그의 사랑하는 제자 안연(顔淵)이 인(仁)의 실천 방법을 물을 때 "예가 아니면 보지도, 듣지도, 말하지도, 동하지도 말라(非禮勿視, 非禮勿聽, 非禮勿言, 非禮勿動)" [10]란 말들은 예가 인간 생활에 있어서 극히 귀중함을 말함이다.

군자는 실천을 중히 여긴다고 보았다. 한번은 공자의 제자 자공(子貢)이 공자에게 군자는 어떤 사람인가를 물었을 때 그는 "군자는 먼저 그 말을 행하고 후에 말한다(君子先行其言而後從之)" [11]라 하였으며 또한 "군자는 그 말이 행동보다 지나는 것을 부끄러워한다(君子恥其言而, 過其行)" [12] 하였다.

공자가 이렇게 실천을 중요시한 까닭으로 그에게 있어서 배우고 가르친다는 것은 오늘 우리들이 생각하고 있는 것과는 그 개념이 다르다. 그에게 있어서 학(學)은 지식을 배워 얻는다 함보다 생활을 배우고 도덕을 지키기를 힘쓴다는 뜻이다.

그는 "군자는 먹는 데 배부름을 구하지 아니하고 거처하는 데 편안함을 구하지 아니하고 일하는 데 민첩하게 하고 말에 삼가고, 도에 나가 바르게 함이 있으면 가히 학(學)을 좋아한다 할 것이다(君子食無求飽, 居無求安敏於事而, 愼於言, 就有道而正焉, 可謂好學也已)" [13] 하였는데 내용을 검토하면 그중에 하나도 실천을

---

9) 論語, 衛靈公, 卷十五, 270
10) 同書, 顔淵, 卷十二, 196
11) 論語, 爲政 卷二, 27
12) 同書, 憲問 卷十四, 252
13) 同書, 學而 第一, 12

중히 여기지 아니한 것이 없다. 그 밖에 "군자는 말에는 눈할지라도 행함에는 민첩하고자 한다(君子欲訥於言而 敏於行)"[14]는 말에도 실천면을 중시한 사상이 잘 드러났다.

군자에게는 세 가지 두려워하는 것이 있다고 보았는데 천명(天命)과 대인(大人)과 성인(聖人)의 말씀이다. 그리하여 군자는 자신의 행동과 생활에 있어서 천의(天意)를 존중히 여긴다.

위에서 우리는 유교의 이상적 인격형(人格型)의 내용을 살펴보았는데 "사람이 군자의 도를 배움이 없으면 이것은 금수와 같은 존재이며, 이것을 배우기만 하면 누구나 다 선량한 인간이 될 수 있다(人無敎卽近於禽獸, 有敎無類)"[15] 하였다.

그렇다면 배우고 가르침의 목적은 무엇인가? 이는 곧 수기치인(修己治人) 혹은 수신제가 치국평천하(修身齊家治國平天下)가 그것이다. 즉 먼저 자신의 인격 수양을 제일로 하여 가정과 나라를 잘 다스리고 결국에는 온 세상을 살기 좋은 곳으로 만드는 데 있다고 본 것이다.

(2) 정치론

여기에서 우리는 공자의 정치론을 본다. 그는 "정치는 바르게 함이다(政正也)" 하였다. 그런데 바르게 하는 첫걸음은 자신에게서 시작되어야 한다. 공자의 제자 자로(子路)가 '군자의 도'를 물

---

14) 同書, 里仁 卷四, 69
15) 同書, 衛靈公 卷十五, 290

었을 때 공자는 "군자는 몸을 닦되 공경함으로 할 것이라" 하였다. "그것 뿐 입니까?" 하고 물었을 때 "몸을 닦은 이후에 사람을 평안하게 한다"고 대답했다. "그것 뿐 입니까?" 하고 또 물었을 때 "몸을 닦은 이후에 백성을 평안하게 한다" [16]고 대답하였다.

　공자는 또 "그 몸이 바르면 비록 명령을 하지 않아도 백성들이 법과 질서를 지키고 그 몸이 바르지 못하면 비록 명령을 할지라도 순종치 않는다(其身正不令而行, 其身不正雖令不從)" [17]하였으며 "위에서 예를 좋아하면 백성을 부리기가 쉽다(上而好禮則民易使也)" [18]라 하였다. 좋은 정치의 비결은 바로 여기 있다고 본 것이다.

　이와 같이 공자는 예치주의(禮治主義)와 덕치주의(德治主義)를 높이어 그 이상을 실현해 보고자 천하를 주유(周遊)하면서 왕후(王侯)들을 설득하여 보았으나 그의 주장은 용납되지 않았다. 그리하여 그는 마침내 모든 것을 포기하고 70의 고령으로 고국 노(魯)로 돌아왔다.

(3) 인(仁)의 해설

　위에서 우리는 군자(君子)의 요소로써 인을 말하였는데, 이 '인'은 공자가 가장 중요시한 덕목인 만큼 이 인에 대하여 좀 더 살펴보고자 한다.

---

16) 論語, 憲問, 卷十四, 259
17) 同書, 子路 卷十三, 220
18) 同書, 憲問, 卷十四, 258

공자는 인(仁)을 여러 모양으로 설명하였다. 어떤 때는 이것을 공, 관, 신, 민, 혜(共, 寬, 信, 敏, 惠) 즉 공경하는 태도, 너그러운 태도, 신용, 민첩함, 자선 등 [19]으로 설명하기도 하였으며, 어떤 때는 사람을 사랑함이라고 하기도 하였다.

어떤 때는 남을 세워 주고 잘되게 하는 일(己欲立而立人, 己欲達而達人)[20]이라고도 하였으며 또 어떤 때는 사람을 대하고 씀에 있어서 큰 손님을 대접하듯, 제사를 드리듯 조심성 있는 태도를 가지며 또 자기가 원치 않는 것을 다른 사람에게 하지 않는 일(己所不欲 勿施於人)이라고도 하였다.

어떤 때는 "굳세고 질둔(質鈍)한 것이 차라리 인(仁)에 가깝다(剛而木訥近於人)"[21]고도 하였고 그 반면 "말을 꾸미고 간사한 낯빛을 가지는 사람으로 인(仁)한 사람이 드물다(巧言令色鮮矣仁)"[22]라고도 하였고 "군자는 말에는 둔하여도 행실에는 민첩하게 하고자 한다(君子欲訥於言而 敏於行)"[23]고도 하였고, 또 "인(仁)한 자는 반드시 용기가 있다" 하여 비겁하지 않다고도 하였다. 이러한 모든 말은 내심에 있는 인이 경우에 따라서 어떻게 사람의 태도와 행동으로 표시되느냐 하는 것을 나타낸 것이다.

그러면 인(仁)의 본질은 무엇인가?

---

19) 同書, 陽貨, 卷十七, 307
20) 同書, 雍也, 卷六, 116
21) 同書, 子路, 卷十三, 234
22) 同書, 學而, 卷一, 3
23) 同書, 里仁, 卷四, 69

이것은 공자가 일찍이 "시 삼백 편을 한 말로 한다면 비뚤어진 마음을 갖지 않는 것이다(詩三百 一言以蔽之 思無邪)"[24] 고 한 말에서 찾을 수 있다고 본다. 즉 공자의 인(仁)이란 순결하고 때가 끼지 않은 마음씨를 이른다.

공자와 맹자는 성선설(性善說)을 주장하였다. 따라서 그들에 의하면 사람의 성품은 원래 선한 것이므로 사람이 다만 물욕의 때로 더럽혀지지 않도록 하든가 그렇지 않으면 배우고 닦아 물욕과 악을 제해 버리면 선한 본성이 복구되어 인(仁)하여진다고 생각한 것이다.

중용(中庸)에는 이 사상을 "하늘이 명한 것을 성품이라 하고 성품을 잘 통솔함을 도(道)라 하고 이 도를 닦는 것을 교(敎)라 한다" 하여 인간의 본성은 하늘이 내린 것으로서 선한 것이라 보았다. 공자의 인(仁)은 중용에서 성(誠)으로 표시되어 성(誠)은 하늘의 도(道)요, 성(誠)을 이루는 것을 사람의 도라 하였다.

(4) 공자의 천(天)의 관념

천(天)에 관한 신앙은 공자 이전부터 있었다. 그들은 이 천(天)을 상제(上帝), 상천(上天), 호천(昊天), 민천(旻天), 황천(皇天) 등으로 불렀다. 공자는 천(天)에 대하여 말을 많이 하지 않았다. 그가 오십 세에 비로소 천명(天命)을 알았다고 한 것을 보면 천(天) 혹은 천명(天命)에 대한 그의 깨달음은 비교적 늦게 얻었다

---

24) 同書, 爲段, 卷二, 16

고 볼 것이다. 그럼에도 불구하고 그의 이 천(天)에 대한 신념은 확고한 것이었다. 그는 천(天)만이 자기를 안다고 믿었으며 이 천(天)은 비록 말이 없으되 사시(四時)의 변천과, 만물의 성장과, 그 움직임은 말없는 하늘의 하는 일[25]이라 보았다.

그가 또한 "죽고 사는 것은 명에 있고 부하고 귀한 것은 하늘에 있다(死生有命, 富貴在天)"[26]라고 한 것을 보면 생사화복이 사람의 마음대로 되는 것이 아니요, 하늘의 섭리 아래 있다고 본 것이다.

그리고 "죄를 하늘에 얻으면 빌 곳이 없다(獲罪於天無所禱也)"고 하여 인간의 도덕적 책임을 하늘에 결부시킨 것을 보면 그의 도덕관은 충분한 신학적 기초 위에 섰다고 볼 것이다.

공자는 이와 같이 천(天)에 대한 신앙을 가졌음에도 불구하고 공자가 병들었을 때 그의 제자 자로가 기도할 것을 제의하였으나 공자는 "기도한다는 사실이 있느냐?"고 물었을 때 자로는 있다고 대답하였다. 공자는 "그러냐. 그러나 나는 기도라는 것을 해 본 지 오래다"[27]고 하였다.

그는 또한 내세에 대해 가르친 바 없다. 한번은 계로(季路)가 귀신 섬기는 법을 물음에 대하여 "사람도 잘 섬기지 못하거든 어찌 귀신을 섬기리요(夫知事人, 知能事鬼)"라고 하였으며 죽음에 대하여 물었을 때 공자는 "나는 것을 알지 못하거늘 어찌 죽는

---

25) 論語, 陽貨, 卷十七, 314
26) 同書, 顔淵, 卷十二, 200
27) 同書, 述而, 卷七, 134

것을 알리요(夫能生 焉知死)"[28]라 하였다.

(5) 오륜(五倫)과 효도(孝道)

유교에서 중요시하는 도덕률은 이른바 '오륜(五倫)'이다. 이것은 군신유의(君臣有義), 부자유친(父子有親), 부부유별(夫婦有別), 장유유서(長幼有序), 붕우유신(朋友有信)이 그것이다. 이 다섯 가지는 사회 생활 전반에 걸쳐 원만한 사회적 관계를 확립하는 데 필요한 덕목으로 존중시 되어 온 것이다. 그중에도 부모와 자녀 간의 관계를 규정 지은 부자유친(父子有親)의 덕목이 가장 중요시되어 왔는데, 이것은 유교의 중심 도덕인 효(孝)의 관념으로 표시되었다. 이 효(孝)는 여러 덕목 중의 하나라 함보다 모든 덕의 모체(母體)로써 백 가지 행실의 근원이 된다고 보았다.

이 효(孝)의 관념에서 제사 제도와 조상 숭배의 사상이 생겼다. 제사 제도에서 우리는 그들의 영혼 불멸의 사상을 엿보기에 어렵지 않다.

5. 결 론

위에서 우리는 공자의 사상을 중심으로 유교의 편모(片貌)를 살펴보았는데 이제 유교의 장단점을 고찰해 보자.

유교의 윤리는 어느 종교에 못잖게 고상하다. 유교의 이상적 인

---

28) 同書, 先進, 卷十一, 186

격형인 군자(君子)는 만인이 추구하기에 부족함이 없는 이상적 인간형이다. 또 군자가 되기 위하여 필요한 여러 가지 덕목도 누구나 다 실행하여야 할 것들이다.

무엇보다 도덕의 실천을 중히 여긴 점, 수덕(修德)의 요체에 있어서 먼저 자신에게서 출발하여야 할 것을 주장한 점, 정치를 하는 데 있어서 법치주의(法治主義)보다 덕치주의(德治主義)를 강조한 점 등은 다 훌륭하다.

그러나 유교는 종교로써 첫번째 성립조건인 뚜렷한 신관이 결핍되었다. 천(天), 천명(天命)을 말하였으나 천(天)을 숭배하는 것은 천자(天子)에 한하였으며, 일반 서민은 천(天)에게 제사하거나 섬기지 않았다. 따라서 유교는 종교로써의 특징인 초월적 존재자에 귀의하고 신봉함으로 그의 힘의 도움을 받고 위안을 얻는다는 신념의 기초가 박약하다.

유교가 이와 같이 초월적 존재자를 인정치 않기 때문에 인간의 도덕적 완성은 오직 자신의 노력에 의지하는 수밖에 없게 된다. 군자(君子)라는 도덕적 이상형을 그려 놓았으나 이 목표를 도달하게 하는 능력의 원천을 제시함이 없다.

유교는 또한 지나친 복고주의(復古主義) 때문에 창조력이 결핍되었다. 대체로 유교의 나라가 보수적이요 진보가 없는 것은 이 때문이다.

제 5 장
도교(道敎)

 도교는 유교와 함께 중국에서 발생하였으며, 그 창시자는 공자보다 훨씬 연장자(50 세 연장이라 함)로 그와 동시대 사람인 노자(老子)라 한다. 그를 실제의 인물이 아니요 가공적 인물이라 하기도 하나 공자가 그를 주도(周都), 낙양(洛陽)에서 방문하였으며 기원 2세기에 생존한 동양의 헤로도투스라고 불리는 사마천(司馬遷)에 의하여 비록 간단하나마 그의 전기가 기록되어 있는 것을 보아 그가 역사적 인물임에는 틀림없다.
 공자와 노자의 시대는 수다한 제후의 나라들이 중국 대륙을 분할 점거하여 세력 다툼을 하던, 이른바 전국시대(戰國時代)로써 사회 질서는 극도로 문란하였고 민생은 도탄에 빠졌었다.
 이러한 때에 공자가 일어나 정치를 통하여 그의 도덕적 이상인 왕도(王道)를 실현시켜 태평성세를 이룩해 보려는 적극적 태도를 가진 데 반하여 노자는 그의 독특한 철학설인 도설(道說)을 주장하여 사람이 모든 인위적인 것과 사욕을 버리고 자연에 돌아가 도(道)와 합일함으로 지복(至福)의 경지에 이를 것을 주장하였던 것이다.

노자의 성은 이(李)요, 이름은 이(耳)며, 자는 백양(伯陽), 시호(諡號)는 담(聃)으로 초(楚)의 고현 여향 곡인리(苦縣 勵鄕 曲仁里 : 現. 河南省 歸德府)에서 출생하였다.

그의 출생에 대하여는 신화적인 전설이 많이 있다. 즉, 그의 어머니가 81 세에 그를 낳았는데 날 때 벌써 그의 머리가 백발이었던 까닭으로 노자(老子)라 하였다. 그의 시대는 인도의 석가모니, 유대국의 예레미야, 에스겔 시대였다.

후에 그는 주도(周都)에서 수장리(守藏吏, 도서관장)로서 봉직하다가 왕정이 더욱 어지러워가고 시국이 점점 혼란해짐에 따라, 개선(改善)의 희망이 없음을 보고 관직을 내어 놓고, 은둔할 결심을 한 후 서방을 향해 길을 떠나 어디론지 자취를 감추었다고 한다.

그가 국경 지대 함곡관(函谷關)에 이르렀을 때 관령(關令), 윤희(尹喜)는 그를 알아보고 떠나는 길에 유훈(遺訓)이라도 남겨 놓아 달라는 요청에 의하여 5천 여 자의 글을 남겨 놓았는데 그것이 도덕경(道德經)이라 한다. 위에서 언급한 바와 같이 그의 사적은 사마천에 의하여 전문(全文) 248 자에 지나지 않는 간단한 기록을 남긴 것 외에 없다.

1. 도교의 경전과 교설(敎說)

(1) 경전

도교의 교설은 노자의 도덕경과 그의 후배인 열자(列子)와 장자(莊子)의 저서에 나타나 있다.

도덕경(道德經)은 두 편으로 나뉘었는데 상편이 37, 하편이 44, 합 81 장으로 되어 있다. 상편은 형이상학적인 우주 원리인 도(道)에 대한 것이요, 하편은 이 도(道)를 윤리와 정치에 관련지어 논술(論述)한 것이다.

(2) 도(道)론

도교의 중심 사상은 도(道)이다. 이 도(道)에 대하여는 유교에서도 많이 썼으나 그 개념이 전혀 다르다. 노자에 의하면 이 도(道)는 말로 설명할 수도 없고 이름 지을 수도 없는 그 무엇이다. 도덕경 첫머리에 "말로써 표현할 수 있는 도는 영원한 도(참 도)가 아니며, 이름으로 이름 지을 수 있는 이름은 영원한 이름(참 이름)이 아니다(道可道非常道 名可名非常名)"라고 하였다.

도는 우주가 생겨나기 전에 벌써 있었으며, 도에 의하여 만물이 존재하는 것이다. 그렇다고 하여 이 도는 활동적인 원리나 힘이 아니요, 이것은 무위(無爲)인 것이다.

그러나 이것은 한걸음 더 나아가 위무위(爲無爲), 즉 아무 것도 하지 않음으로써 모든 것을 하는 원리이다. "도는 항상 아무 것도 하지 않으나 하여지지 않는 것은 아무 것도 없다"하였다.
 이 도는 볼 수도 없고 들을 수도 없고 만질 수도 없는 것이다. 도는 우주의 변화하는 현상 뒤에 있는 불변의 법칙으로써, 영원하고 보편적이고 또 만물의 원천(源泉)이 되는 것이다.
 그는 말하기를 "나는 그 이름을 모르나 이것을 이름한다면 도(道)라 한다"고 하였다.
 무위(無爲)의 원리인 이 도가 어떻게 만물을 나게 하는가? 이것은 도가 만물이 자연적, 자생적(自生的)으로 스스로를 만들어 내도록 할 뿐이요, 그 이상 아무 것도 아니라는 것이다. 여기에 이율배반(二律背反)의 법칙이 있다. 아무 것도 하지 않으면서 모든 것을 한다. 이것이 도의 본질이다. 이것이 위에서 말한 위무위(爲無爲)라는 것이다.

(3) 우주관

 이 우주 만상은 '도'로 말미암았다고 하였다. 노자에 의하면 "세상 만물은 유(有)로부터 온다. 유(有)는 무(無)로부터 온다. 그러면 어떻게 무(無)로부터 유(有)가 생기게 되는가?" 이것은 '도'라는 우주의 힘에 의하여 이루어진다는 것이다. 그러므로 노자에 의하면 유(有)와 무(無)가 있기 전 이 우주에는 도가 있었다는 것이다. 이 도(道)에 의하여 만물이 생겼고 생명, 형태 물질, 실체(實體) 등의 현상이 생겼다는 것이다.
 이 도에 의한 우주 생성(生成)의 과정을 노자는 다음의 세 가지로 말한다. 도(道)는 일(一)을 낳는다. 이 일은 이(二)를 낳는다. 이리하여 우주 만물의 생생(生生)의 원리가 되는 음(陰)과 양(陽)을 만들어 낸다. 그리고 음과 양의 상호 작용으로 만물이 생겨나는 생명, 즉 三(삼)이 생긴다.

제 2 의 전개 과정에 있어서 모든 현상은 상대적인 현상을 내포(內包)하고 있다는 점이다. 예컨대, 삶에는 죽음이 있고 빛에는 어둠이, 선에는 악이 따르는 것이다. 이와 같이 우주는 무에서 유로 또 유가 만물을 낳게 하므로 모든 사물은 변하고 있으나, 그 변화의 법칙만은 변하지 않는다는 것이다. 노자는 이 불변의 법칙을 상태(常態)라고 하였다. 우주 만물은 이 상태(常態)에 따름으로써만 그 기능을 발휘할 수 있다 하였다.

사람은 이 상태를 따르므로 모든 것을 포용(包容)하게 되고, 사심(私心)이 없어지고 무상(無上)이 되며, 신성(神性)을 얻으며, 도와 합일하게 되며 이렇게 되면 그는 도로 더불어 영생한다는 것이다.

또한 무위의 원리를 주장한 노자는 이 우주의 운행은 위에서도 언급한 바와 같이 그 자생성(自生性)에 의한다는 것이다. 즉 우주 자연계의 배경에 무슨 힘이나 인격적 존재 – 신(神) 같은 것이 있어서가 아니라 만물 그 자체에 그 운행에 필요한 힘을 내포(內包)하고 있는데 이 힘은 도(道) 외에 없다.

이 도(道)는 비인격적이며 따라서 그 자체의 존재를 의식하지 못한다. 이 도의 본질을 다시 말한다면 정적(靜寂), 공허(空虛)로 표시할 수 있으며 이것은 가짐이 없이 생산하며 자기 주장함이 없이 행동하며 지배함이 없이 발전시키는 것이다. 이리하여 도는 우주를 만들어 내고 있지 않으나 만들어 내고 있다는 것이다.

(4) 윤리관

노자가 말한 윤리의 교훈도 무위의 원리에 기초를 두었다. 즉 그는 무행동(無行動)의 덕을 권장하였다.

여기에 있어서 그가 첫째로 강조한 것은 온순(溫順)의 덕이다. 온순의 덕을 주장함에 있어서 그는 '골짜기의 정신'을 높이 평가했다. 그는 이 '골짜기'를 '신비스러운 여성'이라고 불러 여성에 비겼다. 여성은 부드럽고, 약하고, 겸손하고, 낮아짐으로써 이 세계를 정복한다. 부드러운 것은 생명의 본질이다.

"사람이 살아있을 때는 부드러우나 죽으면 굳고 차다 …… 딱딱한 나무가 깨어지는 것처럼, 굳은 무기(武器)는 부수어질 것이요, 강대한 자는 …… 거꾸러지고, 부드럽고 유순한 자는 일어난다" 하였다.

그는 이 온순의 덕을 물에다 비겼다. "이 세상에 물보다 유순하고 부드러운 것은 없다. 그러나 가장 굳고 딱딱한 것이라도 그것을 정복할 수는 없다" 하였다. 물은 가장 여성적이요 부드러우나 이것은 산으로부터 흐르고 흘러 큰 강을 이루고 바위와 큰 장애물을 힘들이지 않고 뚫고 나가는 데 있어서는 그 위대한 힘이 남성적인 것이다.

이와 같이 그는 이 여성적인 '온순'은 도의 본질이라 하였다. 그 다음으로 노자는 겸허(謙虛)의 덕을 높이 평가하였다. 그는 "현자(賢者)는 자기를 낮춤으로 높아지고 욕심 많은 사람은 자기를 내세우나 결국 무시를 당한다 ……"고 하였다. 여기에 있어서 그는 지식이란 것이 무용하며 행동이 불필요하며 욕망이 해로우며 부귀는 무가치한 것이라고 하였으며, 어린 아이를 높이 평가하여 어린이들이 어른보다 더 도에 가깝다고 하였다. 그는 인간의 지복(至福)의 길은 도와의 조화 일치에 있다고 보았다.

노자는 또한 검소(儉素)의 덕을 높이 평가하였다. 사람은 원시적인 단순한 상태로 되돌아감으로 최선의 행복을 얻는다 하였다. 이것은 사람이 모든 인위적인 것, 인공적인 것을 버리고 자연으로 돌아감을 말한다.

이러한 덕을 주장한 그는 선한 사람에게 뿐 아니라 악한 사람에게도 선으로 대할 것을 가르쳤다. "나는 선한 사람에게 선으로 대한다. 악한 사람에게도 나는 선으로 대한다. 이러함으로 모두가 다 선하게 될 것이다 ……" 하였다. 그는 또 "악을 친애로 갚으라"고 하였다.

노자는 유교에서 높이 평가하는 인(仁), 의(義), 효(孝)를 부덕(不德)으로 보았다. 그에 의하면 이 세상에 인, 의, 효 등의 덕이 생기는 것은 큰 도(大道)가 버림을 당하였을 때, 또 나라가 혼란하게 되었을 때 패륜(悖倫)의 자식들이 일어났을 때이다. 만일에 세상이 악하지 않다면 인자(仁者), 의인(義人), 효자가 일어날 필요가 없을 것이다. 즉 덕은 그 상반법칙(相反法則)에 의하여 악이 성행하는 난세(亂世)의 소산이다. 그러므로 그는 "성덕(聖德)을 끊어 버리고 지혜를 버리면 백성이 백 배나 이로울 것이며, 인을 끊고 의(義)를 버리면 백성이 효하고 자애에 넘칠 것이며,

재주를 끊고 이(利)를 버리면 도적이 없어질 것이다(絶聖棄智,
民利百倍, 絶仁棄義, 民復孝慈, 絶巧棄利, 盜賊無有)" 하였다.
　그의 윤리관은 이와 같이 소극적이며 부정적이다. '무위'의
'의' 철학을 주장한 그의 필연적인 결론일 것이다. 그리하여 그
는 "선행을 하려는 선의(善意)는 참된 선이 아니다. 뒤에 서라,
그러면 앞서게 될 것이다. 자기를 이기는 자는 강자이다" 등의
교훈을 남겼다.

(5) 정치론(政治論)

　'무위'의 철학을 주장한 노자의 정치론도 역시 부정적이요, 반
사회적이다. 그는 정부와 정치의 무용론을 주장하였다. "원시 시
대에는 정부라는 것도 없었으며 통치자도 없었다. 그러나 정부가
생겨 모든 것을 간섭하고, 법률을 만들고 …… 세금을 징수하여
백성을 굶긴다. 그러므로 가장 어진 정부는 제일 적게 다스리는
정부이다. 이상적 국가는 자연의 운행처럼 정치의 활동이 눈에
띠지 않는다"고 말하였다.
　그는 전쟁은 폭력을 조장하여 온순의 덕을 저해한다 하여 반대
하였으며 사형(死刑)은 생사의 권한을 가지고 있는 유일자(唯一
者)의 권한을 침해하는 것이라고 하여 반대하였다. 그의 말에 의
하면 선정(善政)은 백성(百姓)을 우자(愚者), 혹 무지자(無知者)
로 만드는 것이라 하였다. 여기에 무지라는 것은 단순하고 순진
한 원시 상태로 돌아가는 것을 말함이다.
　이런 의미에서 그는 교육을 부정하였다. 사람은 교육을 받을 수

록 자연에서 멀어진다는 것이다. 최고의 선은 자연으로 돌아가는 것이라 하였다.

노자는 모든 인위적인 것을 제거하고 자연 그대로를 따라 사는 자유로운 사회를 이상 사회 혹은 이상 국가로 보았다. 그래서 그는 이상 국가를 아래와 같이 말하였다.

> 이상 국가는 작고 백성의 수효도 적다. 그들은 …… 도구나 기구를 쓰지 않는다. 수레와 배가 있어도 타지 않으며, …… 백성들은 그들의 음식에 만족하고 그들의 의복으로 족하며, 그들의 집에서 행복을 느끼며, 그들의 분수를 행복되게 여긴다. 이웃은 서로 가지런히 놓여 있어 이웃집 개가 짖고 닭이 우는 것을 들을 수 있다.

(6) 종교론

노자는 무신론자이다. 그는 유교에서와 같이 천(天)을 인격적으로 보지 않았고, 다만 자연물로서의 땅과 상대되는 것으로 여겼을 뿐이며 상제(上帝)를 인정했으나 이는 도에 의하여 생긴 피조물의 지위에 있다.

귀신을 인정했으며, 이것들이 인간을 이해할 수 있으나 선정(善政)으로 귀신의 발동을 막을 수 있다 보았다.

2. 열자(列子) (B.C. 500경)

노자의 설(說)을 본받아 부연한 자는 열자이다. 그의 출생 연대는 알지 못하나 노자의 후배이며 장자(莊子)의 선배이다. 그의 명(名)은 어구(禦寇)이며 정(鄭)인이다. 당대(當代)에는 그를 존칭하여 충허진인(沖虛眞人)이라 하였다. 그의 저서는 「열자 8 편」인데 당대에서는 이를 충허진경(沖虛眞經)이라 하였고, 송(宋)의 경덕왕(景德王) 시대에는 지덕(至德) 충허진경이라 하였다(경덕왕, A. D. 1004~1007).

 노자와 같이 열자도 우주의 본체를 '허무'로 보았으나 이 무(無)에서 만물이 생기는 데는 태역(太易), 태초(太初), 태시(太始), 태소(太素)의 네 단계를 거친다 하였다.

 태역은 혼돈한 상태로 아직 기(氣)를 나타내지 않은 상태, 태초는 기가 시작된 상태, 태시는 형(形)이 시작된 때 태소는 질(質)이 시작된 때를 이름이다. 이것이 한 번, 일곱 번, 아홉 번 변하여 맑고 가벼운 기는 위로 올라가 하늘이 되고 무겁고 탁(濁)한 것은 가라앉아 땅이 되었다. 그리고 충화(沖和)한 기는 사람이 되었으며, 또 다른 기는 만물이 되었다고 말하였다. 그리고 삶과 죽음은 본체의 변화에 불과하다 하였고 운명론을 주장하여 자유 의지를 전적으로 부인하였다. 노자와 같이 무위자연을 수도(修道)의 이상으로 삼았다. 따라서 사람은 세상의 비평, 칭찬 등에 거리낌없이 이해득실을 초월하여 우주의 본체인 허무와 합일할 것이라 하였다.

 그는 정치적 이상국으로 화서국(華胥國)이란 것을 묘사하였는데, 이 화서국이란 통치자, 스승, 미워함, 사랑, 친함, 소원함, 두려워함, 꺼리는 것 등이 없는 평등 무차별의 사회이다.

3. 장자(莊子)

열자와 함께 노자의 사상을 저술 발전시킨 사람은 장자이다. 그는 송(宋)의 몽현(蒙縣 : 現今, 河南省 歸德府) 사람이다. 그의 명(名)은 주(周), 자(字)는 자휴(子休)인데 후세에 남화노선(南華老仙) 혹은 남화진인(眞人)이라는 시호(諡號)를 주었다. 맹자와 거의 동시대 사람으로 일찍이 몽(蒙)의 칠원(漆園)이란 곳의 관리가 되었던 일도 있다.

후에 초(楚) 위왕(威王)이 그를 등용하려 불렀으나 거절하였다. 52 편으로 된 그의 저서는 현재 33 편만이 남아 있는데 그중 7 편만이 그의 친저(親著)라 하며, 이를 내편(內篇), 외편(外篇)으로 가른다.

장자 역시 천지 만물이 생기기 전에 도가 있었으며, 도에 의하여 천지 만물이 생겼다고 생각하였다. 그러나 도의 활동으로가 아니라 천지 만물이 스스로 생성(生成)된 것이라는 것이다. 즉 노자, 장자와 함께 "도는 아무 일도 하지 않음으로써 모든 일을 한다"는 무위설을 주장하였다.

장자 철학의 특이점이 이 도 안에서는 모든 상대적인 것, 음과 양, 객관과 주관, 선과 악, 삶과 죽음 등이 소멸되어 혼연일체(渾然一體)가 된다는 것이다. 그리하여 그는 사람이 이 도에 돌아갈 때 생사일여(生死一如)의 경지에 이른다 보았다.

그는 또한 삼라만상(森羅萬象)의 무상(無常)과 비실재성(非實在性)을 주장하였으며 우주 만물은 무한(無限)에서 나와 무한으로 돌아간다고 하였다.

 인생관에 있어서 그가 역설한 것은 인생과 현실은 한 꿈이라는 것이며 사람은 꿈을 꾸고 있으면서 이것이 참된 삶이라고 생각하고 있다는 것이다. 그러나 어느 때에 가서 사람은 크게 깨달아 "이생은 한바탕 꿈이었구나" 하는 것을 알게 될 것이라고 말하였다.

 장자의 '나비의 꿈'이란 이야기는 너무도 이름 높다. 장자가 한 번은 자기가 나비가 되어 이 꽃 저 꽃으로 날아다니면서 꿀을 빨아먹으며 즐기는 꿈을 꾸었다.

 나비가 된 장자는 자기가 장자라는 것을 전연 몰랐다. 그러나 깨어 보니 나비였던 자기는 여전히 장자였다. 장자는 의심했다. 자기가 나비의 꿈을 꾸는 장자인지 혹은 나비가 꿈을 꾸면서 장자라고 생각하는 것인지 모른다는 것이었다.

 생사관(生死觀)에 있어서 장자는 삶과 죽음이란 마치 밤과 낮, 혹은 봄, 여름, 가을, 겨울의 서로 뒤바뀜과 같은 것이라 보았다. 그러므로 사람은 죽음을 두려워할 이유가 없다고 보았으며, 죽음을 두려워함이 인간 불행의 주요 원인이라 보았다. 여기에 있어서 그의 해골과의 대화도 유명하다.

 그는 여행 도중 한 해골을 만났다. 장자는 해골이 된 불행에 대하여 여러 가지로 문답하고 해골을 베고 잠을 잘 때, 해골은 꿈에 해골이 된 행복을 장자에게 말하였으나 장자는 이것을 믿지 않고 해골에게 다시 생명을 얻어 집으로 돌아갈 생각이 없느냐고 물었다. 이에 해골은 얼굴을 찌푸리면서 "내가 제왕보다 더 큰 행복을 내던지고 …… 속세로 되돌아가리라고 그대는 생각하는가?" 하고 대답했다는 것이다.

그리고 그는 인간 최대의 행복은, 사람이 자연에 순응하는 생활이라 보았으며 이런 의미에서 사람은 의지(意志)나, 의식(意識)이나, 지식으로 이상의 생활을 추구할 것이 아니라 어린아이가 되어 "자신을 존재의 자연적 상태에 적응시키는 일"이라 하였다.

이런 의미에서 장자의 이상의 나라는 금은 보화를 귀히 여기지 않으며, 재물이나 지위나 명성 때문에 싸우지 않으며, 오래 사는 것을 탐내지 않고 단명(短命)을 슬퍼 아니하며 성공을 기뻐 아니하고, 실패를 불행으로 알지 않으며 삶과 죽음을 같이 보는 달관(達觀)의 힘을 가지는 곳이라 하였다.

따라서 그는 인간의 자연 본능을 억제하는 모든 인위적인 예절, 제도, 도덕 등을 배격하였으며 이런 것들을 강요하는 정치를 무용한 것이라고 하여 이상적인 정치는 무정부(無政府)라 하였다.

장자는 지식론에 있어서 '낮은 수준의 지식과 높은 수준의 지식'으로 구분하여 사물(事物)의 구분과 판단을 내리는 지식이 낮은 수준의 지식, 모든 구분과 판단을 초월한 지식이 높은 수준의 지식이라 하여 사람이 사물에 대한 모든 구분과 판단을 잊으면 '하나'만이 남는데 그것은 위대한 '전체'이며 이것이 '도'의 본질이라고 보았다.

이리하여 장자는 인간의 궁극적인 목적은 안정(安靜), 평온(平穩), 조화(調和) 및 불활동의 상태에서 전체 속으로 흡수되는 희열을 갖는 데 있다 하였다.

4. 노자(老子)·장자(莊子) 이후의 도교

　노장 이후의 도교는 그들이 주장한 고원(高遠)한 교설에서 멀리 떠나 장생불사(長生不死)의 비법(秘法)을 운운하기도 하고, 신선술(神仙術)을 말하기도 하여 일식, 월식, 지진 등의 천변지이(天變地異) 등으로 길흉화복을 점친다는 참위학(讖緯學)을 주장하기도 하여 일종의 미신 종교로 변하고 말았다.

　그들은 노자, 장자가 무신론임에 불구하고 노자를 태상노군(太上老君)이라 혹은 원시천존(元始天尊) 또는 옥황상제(玉皇上帝)의 화신이라 하여 숭배하며 그 밖에도 현천상제(玄天上帝) 문성제군(文星帝君) 또는 성황신(城隍神), 부엌의 신, 문신(門神) 등으로 위하기도 하며, 또 한말(漢末)의 장자문(獎子文)을 종산신(鍾山神)이라고 신격화하여 위하기도 하며, 관운장(關雲長)을 관제묘(關帝廟)에, 여순양(呂純陽)을 여조묘(呂祖廟)에 각각 위하고 있다.

　그리고 곳곳에 사원을 세우고 승려를 두어 결혼과 장례식의 길일(吉日)을 택하여 주는 일, 신도들을 위해 복을 빌어 주는 일 등을 하여 주고 있다. 그리하여 오늘의 대중 불교와 유사한 점이 많이 있다.

5. 결론

　어느 종교나 마찬가지로 이 종교에도 장점과 단점을 가지고 있으니, 그 장점은 우주의 일관한 이법(理法)인 '도'를 인정하여 사람이 이 도와의 합일을 이상으로 하는 점과, 온순, 겸허, 검소의 덕을 추장(推奬)한 점과, 악을 선으로 갚으라는 가르침 등은 특필할 만한 점들이다.

그 단점은, 무엇보다도 너무 소극적이며 부정적인 도의 원리이다. 그리고 소극적이며 부정적인 무위(無爲)의 교설(敎說)로 인하여 인간의 노력을 부정하고 현실 도피주의를 가지게 한다. 이로 인하여 인류 문화와 사회 발전과 개선을 부정하게 만든다. 그리하여 이 종교를 극단으로 밀고 나간다면 이 세상은 다시 원시 상태로 돌아가고 말 것이니, 우리는 인생과 우주의 이러한 소극적 태도를 어떻게 수긍할 수 있을까?

우리는 이 우주에 도와 같은 막연한 원리보다도 기독교가 말하는 자애로운 아버지와 같은 실재자가 있으므로 우리 인간은 외롭지 않으며, 또 이땅 위에 모든 악과 싸워 하나님나라를 건설해 나아감에 있어서 커다란 힘과 용기를 얻을 수 있을 것이며, 따라서 우리의 생명은 더욱더 그 내용이 충실해지고 풍부해질 것이다.

기독교에서 도를 말하나 이것은 도교에서 말하는 도와는 그 내용이 판이하다. 기독교의 도는 신성(神性)을 가졌으며, 이것은 요한복음 제 1 장에 나타난 바와 같이 인격적이며, 이 도가 인류 역사상에 예수 그리스도라는 인물로 나타났고, 예수 그리스도께서 가르치신 모든 것이 도라고 본다. 그리고 이 도는 창조의 주체로서 "지은 것이 하나도 그가 없이는 된 것이 없느니라"(요 1:3)고 믿는다.

제 6 장
조로아스터교 (Zoroastrianism)

　조로아스터교의 명칭은 그 창시자인 조로아스터(Zoroaster)의 이름을 따른 것이며 마즈다교('賢者의 宗敎'라는 뜻) 배화교(拜火敎), 현교(祆敎) 등으로 불리고 있다. "조로아스터교"라 한 것은 "자라투스트라(Zarathustra)"라는 페르시아의 원명을 희랍화한 것이며 "마즈다교"라 한 것은 이 종교의 최고 신의 이름 아후라마즈다를 따서 부르는 것이며 "파시교"라 함은 인도로 들어간 이 종교 신자들을 파시족이라고 불렀으므로 이에 따라 붙인 이름이요 "배화교"라 한 것은 이 종교가 불을 신성시하고 위하기 때문이었으며 "현교"라 한 것은 당대(唐代)에 이 종교가 중국에 도입될 때에 불려진 이름이다.

　이 종교의 발생지는 페르시아(현재 이란)이다. 이 지역은 원래 아리안족의 거주지로써 그 주민은 히말라야 산맥을 넘어 인도로 들어간 종족과 같다. 따라서 그들 간에는 풍속, 습관, 종교 사상 등에 있어 공통점이 많다.

그러나 페르시아를 중심한 그 지역은 천후가 불순하고 또 사막 지대였으므로 그 지역에 사는 아리안족은 거센 자연과 싸워가며 그들의 생존을 영위하는 동시 주위에 있는 강한(强悍)한 적들의 침범을 막아내지 않으면 아니 되었다.

따라서 천후와 토지와, 노동력 등의 생활 조건이 순조로운 인도로 들어간 동족의 종교가 명상적이며, 현실 도피적임에 반하여 이란 지방에 사는 아리안족의 종교는 투쟁적이며 진취적이었던 것이다. 그리하여 본 장에서 다루고 있는 조로아스터교 역시 이러한 유형(類型)을 벗어날 수 없었던 것이다.

이 종교는 유대교와 또는 기독교에 대하여 적지 않은 관계와 영향력을 가지고 있다.

구약 성경에 나타난 페르시아(바사)의 여러 임금들, 즉 고레스왕(스 1:1~8, 느 2:1, 사 44:28, 45:1), 아닥사스다 왕(스 8:1), 다리오 왕(단 9:1, 학 1:1, 슥 1:1) 등은 다 조로아스터교의 신봉자들이며 선포자들이었다.

조로아스터교의 역사는 페르시아의 흥망의 역사와 운명을 같이 하였다. 고레스 왕의 세력 확대와 다리오 왕의 바벨론 통치로부터 처음 100 년간(기원전 583~480)은 이 종교도 크게 부흥되었고, 그 다음 알렉산더 대왕의 페르시아의 정복과 파르디아(Parthia)족이 강대해짐에 따라 이 종교 역시 쇠퇴하였다(B. C. 330~226). 이 동안에 이 종교는 교조의 근본 정신에서 벗어나 태양 숭배와 다신교로 기울어졌다.

그후 사산 조(Sassania 朝)의 창건자이며 이 종교의 열성자인 아르데쉬 1세(Ardeshir Ⅰ)가 페르시아의 국권을 회복함에 따라서 이 종교도 크게 부흥하였다(B.C. 226~A.D. 657). 그러나 그 후(A.D. 637) 아랍에서 일어난 이슬람교도 군대의 침입으로 이 교도들은 본국에서 쫓겨나 세계 각처에 흩어져 살게 되었다. 가장 많이 있는 곳이 인도의 폼페이 시이다.

그 신도 수는 전 세계를 통하여 12만 명 정도인데 본국에 1만 명, 인도 국내에 10만 명(1953년)의 통계로 나타나 있으나 1995년도 기준으로도 큰 차이가 없다(29쪽 통계표 참조). 이들은 인도 국내 어느 종교인보다도 그 교육 수준이 높으며 생활도 여유 있다.

1. 조로아스터의 생애

조로아스터는 기원전 600~580년에 생존하였다는 것이 확실하나 그의 역사성을 부인하는 학자들도 있다. 그의 출생지는 카스피해의 남쪽 해안에 가까운 아제르바이잔 지방이라 한다. 현재 이란의 수도 테헤란 부근 라개(Raghae)에 유적(遺蹟)이 있는데 그곳이 그의 출생지인 듯하다는 것이다.

그의 출생은 3천 년 혹은 3백 년 전에 이미 예언되었으며, 또 그의 15세의 처녀 모친이 그를 잉태할 때에 마즈다 신의 영광이 그에게 둘러 비쳤다고 전한다.

소년 시절에는 영특함이 비상하여 그 지혜로운 담론에 놀랐다 하며, 15세에 벌써 종교에 헌신하는 표인 성대(聖帶)를 몸에 지녔으며 빈민에 대한 동정심과 동물 애호 정신이 강하였다 한다.

30세에 그에게는 큰 전환기가 왔다. 즉 그는 아후라 마즈다신의 부름을 받아 몸을 정결히 할 것과 그 신의 예언자로서의 사명을 수행하라는 명령을 받았다 하였다.

이 종교의 경전 아베스타경 첫 구절에는 조로아스터가 송아지의 우는 소리를 통하여 마즈다 신의 부름과 사명의 위임을 받은 사실이 극적으로 기록되어 있는데 이는 송아지의 울음소리를 통하여 외적의 위협을 받고 있는 농업국 조국(祖國)의 사회적 요구를 느낄 수 있었던 것이라 할 것이다.

이로부터 10년간 그는 마즈다 신으로부터 일곱 번의 계시와 문답이 있었다 하며 이로써 그는 보다 더 확실한 사명을 느끼는 동시에 그의 전체를 신에게 바쳐 사명을 수행할 것을 굳게 다짐하였다고 한다.

그후 그는 마즈다 신의 명령을 따라서 열심히 전도하는 중 형언하기 어려운 박해와 유혹을 당하였으며, 때로는 악령이 속세의 부귀영화로 꾀이기도 하였으나 기도와 경배로 이를 물리쳤다 한다. 그는 이렇게 기도했다.

"나는 어느 땅으로 피하리이까? 내가 어떻게 당신을 기쁘게 할 수 있사오리이까? 아후라 마즈다 신이여! …… 친구가 그의 친구를 원조함같이 나를 도와주소서 의(義)로써 나를 가르쳐 선한 사념(思念)을 얻게 하옵소서."(야스나 경 46:1~2)

그는 십 년이라는 짧지 않은 동안 전도했으나 단 한 사람 그의 종제(從弟)를 얻었을 뿐이었다. 그럼에도 불구하고 그는 실망하지 않고 그가 섬기는 의의 신(義神)을 굳게 신뢰하고 나아갔다 한다.

"나는 믿사옵나이다. 당신이 나를 위하여 이 일을 친히 이루어 주실 것을"(야스나 경 46:3)이라고 그는 기도하였다.

그의 이러한 굳은 의지와 노력은 열매를 맺었으니 그가 42 세 되었을 때, 그 나라의 비스타스파(Vistaspa) 왕과 왕제와 왕자와 고관들이 개종한 것이다. 그후 계속 89 명의 신도를 얻었다.

이때에 그는 왕의 추밀 고문관(樞密顧問官)의 딸과 결혼했으며, 계속 두 아내를 맞았다.

국왕의 개종과 왕의 종교 선포의 적극적인 협력에 의하여 조로아스터교는 국내에 널리 확장되고 세력을 얻게 되었으며, 한걸음 더 나아가서는 이교도와 이민족(異民族)에게 성전(聖戰)을 개시하여 강한 민족을 8 차나 격파하였는데 참전한 군인 수는 10 만이나 되었다 한다.

전설에 의하면 그는 투라니아 족이 침입하였을 때 다른 승려들과 함께 제단 앞에서 순교하였다고 하는데 그의 향년은 77 세였다.

조로아스터는 그의 신도들에 의하여 신격화(神格化)되고 있다. 그는 도덕적으로 완전무결하며 아후라 마즈다 신과 함께 경배의 대상이 되기에 부족함이 없다고 인정되고 있다.

그러나 그는 그의 전도 반대자에게 증오감을 가졌음이 나타났고, 야스나경에는 벤드바라는 반대자의 멸망을 기원하였다고까지 기록되었다. 그리고 왕과 왕족 귀족들이 개종함에 따라 무력으로써 신앙을 강요했고 전쟁으로 이민족(異民族)을 정복하는 일도 사양치 않았음은 그의 무자비성의 일면을 보여 주는 것이 아니라 할 수 없다.

2. 경전과 교설(敎說)

(1) 경전

조로아스터의 경전은 젠드 아베스타 경인데 젠드는 주해서(註解書)란 뜻이요 아베스타는 원전(原典)이란 뜻이다.

이것은 5 부로 나눈다. 첫째는 야스나 경으로 경배 혹은 제사의 뜻인데, 가장 오래되고 중요한 경전이다. 여기에는 17 편의 성시(聖詩)가 포함되었는데 이것만이 교조 자신의 글이라 한다. 그 다음은 비스페라드(Visperad) 경인데 기도집으로서 야스나 경과 함께 예배 때에 쓰는 것이며, 셋째는 벤디다드(Vendidad) 경으로서 사제(司祭)들에게 필요한 제사 절차와 의식을 모아 놓은 것인데 여기에는 우주론, 역사, 말세론적인 것들이 있다.

나머지 2 부는 위의 3 부보다 덜 중요한 것인데 이것은 야쉴(Yasht)이라는 찬송시와 코르다 야베스타(Khorda Avesta)라는 일반 신도들을 위한 기도문집이다.

경전의 용어인 젠드는 중대(中代) 페르시아, 즉 파라비어로 기록되었고 아베스타는 고대 페르시아로 되었다.

이 밖에도 야베스타 경을 중심으로 후대에 기록된 수다의 경전이 있으나 생략한다.

(2) 교설(敎說)

(가) 신관(神觀)

조로아스터는 이원론에 입각하였다. 이 우주에는 선신(善神)과 악신(惡神)이 대립하여 투쟁하고 있다는 것이다. 그러나 최후의 승리는 선신에게 있다고 믿었으며 이 두 신의 중간적 존재는 인정치 않았다.

선신은 '아후라 마즈다'라 부르는데 '아후라'가 그 신의 본명이며, 거기에는 현자(賢者) 혹은 지혜자(知慧者)라는 뜻을 가진 '마즈다'를 붙여 부르는 것이다.

이 이름은 후에 줄여, '오루무즈드(Ormuzd)'라 불리었으며, 그 신의 속성(屬性)에 따라 수십의 명칭이 그들의 경전에 나타나 있으니 아래와 같다.

> 나는 수호자요 건강 증진자(增進者)요 제사장이요 번영자요 생산자이며 자의(自意)의 통치자며 관대한 왕이며 속이지 않는 자며 속지 않는 자며 능력자며 거룩이며 큰 자이며 선한 군왕이며 지혜자 중 지혜자이다(동방성전 23:27~28).

이 종교에 의하면 아후라 신은 창조의 신이며, 빛과 생명과 의와 진리와 선의 신이며, 영원 존재자이며, 전지자(全知者)이며, 자비의 신이다. 야베스타 경의 제 1 절은 아래와 같은 찬송하는 구절로 되어 있다.

> 아후라마즈다 신이여! 당신은 창조자시며 광명이시며 영광스러우시며 가장 위대하시며 최선이시며 가장 아름다우시며 가장 강하시며 가장 지혜로우시며 가장 완전하시며 가장 은혜로우십니다(동방성전 31:195~196).

이 종교에는 원래 우상이 없었으나, 후일 페르시아 국왕들(다리오 왕, 아닥사스다 왕 등)의 개종과 함께 신상을 만들게 되었다.

아후라 신 외에 버금가는 수다한 신들이 있는데 그중에 가장 중요한 신은 '스펜다 마이뉴' 신이다. 이 신은 보통 아후라 신과 함께 표시되었는데 창조와 유지(維持)와 최후 심판을 맡은 신으로 나타나 있다.

그 밖에 아후라 신을 주신(主神)으로 하는 일곱 신의 집단이 있어 각 신은 동일한 사고와 행동으로 결합된 일체(一體)이면서 그 직능에 있어서 가축 동물들을 보호하는 신, 불의 신, 금속 보호신, 땅의 신, 물의 신, 식물의 신 등으로 구분되었다. 그러나 아후라 신은 다른 신들의 아버지인 동시에 임금 격으로 믿어지고 있다.

이 밖에도 아후라 신의 천사 격인 '야즈다(Yazda)'라는 신의 집단이 있으며 '미드라(Mithra)'라는 인도교에서 수입된 신이 일반 신도들에게 크게 높임을 받고 있다. 이 미드라 신은 유럽에까지 전파되어 신앙되었던 것인데 천상의 광명의 신으로서 전지의 신, 정의의 신이다. 이 신은 동시에 목축과 번식과 부(富)의 신으로도 나타났으며, 선신과 악신의 중재의 신으로도 나타났다.

미드라 신이 로마 제국에 들어간 것은 기원전 63 년이었는데, 기독교의 선포와 함께 그 세력을 잃어 기원후 4 세기경에 콘스탄틴 대제의 기독교의 공인과 함께 유럽에는 거의 소멸되었다.

그 밖에 '알드비 수라 아나히라'라는 샘의 여신은 풍요(豊饒), 생산, 보건(保健)을 맡은 신으로 숭배되고 있으며 무엇보다 특기할 신은 불의 신 '아타르(Atar)'이다. 그들에게 있어서 불은 아후라 신의 나타남이며 그의 위력(偉力)으로 여겨지고 있다. 그들은 불을 통해 아후라 신에게 접근할 수 있다고 믿는다. 불은 가장 신성하고 깨끗한 것으로서 악신을 정복할 힘이 여기 있다고 믿는다. 이 종교를 화교(火敎) 혹은 배화교(拜火敎)라 함은 여기서 유래한 것이다.

불을 아후라 신의 나타남이라 믿는 만큼 사원이나 각 신도의 가정에 불의 준비와 계속은 가장 중요하고 신성한 종교적 의무이며, 따라서 이 종교의 승려를 화승(火僧)이라고 부르는 이유도 여기에 있다.

선신과 적대적 관계에 있으며, 동시에 선신과 함께 영원 전부터 존재한 악신 '앙그라 마이뉴(Angra Mainyu)' 혹 '아리만(Ahriman)'의 존재를 믿는다. 이 신은 이 세상의 모든 악과 재난과 불행의 원인이 되며 선신을 대항하여 선신의 일을 방해하고 있다고 믿는다.

선신에 부수신(附隨神)이 있듯이 악신에게도 수다한 악신 악령이 있다고 믿는다. 악신은 선신을 상대로 싸우고 있으므로 사람은 선신에 가담하여 싸우면서 선신을 숭배, 복종하며 바른 길을 가야 한다는 것이다.

(나) 내세관(來世觀)과 부활의 신앙

선신, 악신의 신앙과 함께 사람은 악을 버리고 선을 택해야 할 것인 만큼 이에 따르는 사후 심판과 선악응보(善惡應報)의 신앙은 불가피한 결론으로써 선신을 따라 선을 행한 사람은 천당에, 악을 행한 사람은 지옥에 떨어진다는 것이다.

내세관과 함께 육체의 부활에 대한 신앙도 교조에 의하여 표시되었다(야스다 경 30:7).

(다) 세계관

이 종교에 의하면 세계사는 12,000 년을 계속한다. 이 기간을 3,000 년씩 4 기로 나눈다. 제 1 기는 창조주의 생각 속에 세계의 형태의 계획이 있던 시기, 제 2 기는 창조주에 의하여 세계가 창조된 시기, 제 3 기는 선신과 악신의 쟁투의 시기, 제 4 기는 선신의 승리로 쟁투가 끝나는 시기이다.

이리하여 악신의 방해가 없는 평화 시대가 임하는 것이다. 그러나 이러한 시대가 오기 전의 천지의 이변이 생기고, 선신, 악신의 무서운 최후의 투쟁이 벌어진다. 이와 동시에 이 마지막 시기에는 천 년마다 한 구주가 일어나 악마와 싸워 승리를 거두며, 맑고 깨끗한 세상을 만든다.

이때에 죽은 자의 부활과 최후의 심판과, 각 사람의 행위에 따라 천당, 지옥으로 보내는 일이 있게 된다. 그러나 구주는 지옥의 형벌을 받는 악인까지도 건져 아후라 신의 자비를 힘입게 할 것이다. 선악의 심판은 맹렬한 불에 의하며, 깨끗케 하는 방법은 고열에 녹은 금속의 액체를 지나는 일이라 한다.

> 그후 모든 사람은 녹은 쇠물을 지남과 동시에 순결해질 것이며, …… 그들은 같이 아후라 신과 천사장들을 큰소리로 찬송할 것이다. 그때 아후라 신은 그의 사역을 완성할 것이며 …… 모든 사람은 영생할 것이다(동방성전 5:126).

(라) 윤리관

그들은 종교적 의식과 도덕적 행동에 분간을 두지 않는다. 위에서 말한 바와 같이 이 종교 신앙자의 가장 큰 의무는 불(火)의 보급과 유지이다. 그리고 그들은 구제를 중요시하며, 선인을 선대하고 악인, 그중에도 허언자(虛言者)를 푸대접할 것을 가르친다.

그리고 근검한 농부의 생활을 종교적 의무로 여겨 특히 다음과 같이 권장하는 말이 있다.

> 곡식과 목초와 과수를 심는 사람은 의(義)를 심는 사람이다. 그는 마즈다의 종교를 실행하는 사람이다 …… 먹지 못하는 사람은 신성한 일을 할 힘도 없다.

그들이 가장 높이는 덕목은 정결이다. 이것은 의식적 정결과 도덕적 정결을 다 포함한다. 그들의 경전과 담화에서 제일 많이 나오는 말은 선한 생각, 선한 말, 선한 행동인데, 이것은 그들의 최고의 도덕적 이상인 것이다.

(마) 제례(祭禮), 기도, 정결법

조로아스터의 사제(司祭)는 종교적 의식의 이행과 함께 정치적 고문의 역할도 하였다. 사제로서의 가장 중요한 직책은 악신 퇴치를 위한 기원을 하는 것인데 이것은 '야스나'라는 기도문집에 있다.

그리고 이 종교에는 구약 성경 레위기에 나타난 정, 부정법(淨, 不淨法)과 유사한 법이 있어서 이를 중요시한다. 그중에도 시체를 만지는 것이나, 접근하는 것을 크게 꺼리어, 이것으로 더러워졌을 때에는 성우(聖牛)의 오줌이나 물로 씻는다.

그들은 땅이나 물이나 불을 종교적 의미에서 청정(淸淨)한 것으로 여기기 때문에 시체를 땅에 묻거나 혹은 화장(火葬)이나 수장(水葬)하는 것을 금하며, 만일 이를 범하면 범죄가 되므로 속죄하여야 한다. 그들의 장례법은 산꼭대기에 담을 둘러 쌓고 시체를 그대로 버려두어 새나 짐승의 밥이 되게 하는 것이다.

3. 오늘의 조로아스터교

오늘날의 조로아스터교는 불 숭배가 가장 중요한 행사로 실시되고 있다. 그들은 불의 전당에서 번다한 의식(儀式) 아래 사제에 의하여 준비된 불을 경배하는 것이다. 그들이 불을 경배할 때 외우는 기도문은 경전을 기록한 말로 하는데 이 말은 그 신도의 거의 전부가 이해 못하는 것이다.

이 종교 신도 중에는 과학과 철학이 발달된 현대인에게 맞도록 개혁할 것을 주장하는 사람도 있으나 신도의 대부분은 전통적인 종교 신앙을 그대로 고수(固守)하는 것이다.

4. 결 론

 이 종교를 기독교와 비교해 보는 것은 재미있는 일이다. 이 두 종교 사이에는 유사점이 많이 있다.

 신관에 있어서 이 종교의 주신(主神)인 아후라 신의 속성에는 기독교의 하나님의 속성과 상통하는 것이 많이 있다. 그를 창조 신으로 여기는 점, 윤리적이며 인간에게 선을 권장하며 인간의 행복을 위하는 신으로 믿는 점 등이다.

 그러나 조로아스터교는 선신(善神)의 최후적 승리를 믿으나 이와 대등되는 악신 아리만을 인정한 것은 기독교의 유일신관과 근본적으로 배치된다. 그리고 선악 두 신은 그 아래 수다한 부수신(附隨神)들이 있다고 믿는 만큼 이 종교의 신은 마치 희랍 신화에 나오는 신들의 사회와 같은 느낌마저 준다. 따라서 이러한 신관에 따르는 신앙 생활에는 통일성 내지 단일성을 유지하기 어려울 것이다.

 아후라 신의 표현으로 보는 불을 중점적으로 숭배하는 이유는 신앙이 다원화(多元化) 되는 폐해를 막기 위한 자연적인 추세라고 볼 수 있다.

 내세관에 있어서는 기독교와 완전 일치하지는 않으나 선악응보(善惡應報)의 관념에 있어서 공통점을 발견할 수 있다.

 이 종교의 특징이라 할 것은 신앙 생활과 도덕 생활을 같이 중요시하는 점이다. 그리고 이른바 정결법(淨潔法)에 있어서는 유대교적인 면이 강하며, 기독교가 이 정결법을 거의 무시하는 점

(미가서 7장 참조)과 크게 대조된다.

 요컨대 조로아스터교는 그 신관, 윤리관 등에 있어서 숭고한 점이 많으나, 그 밖에 여러 면에서 미신적이며, 또 유치한 점이 많이 있어서 현 시대에 적합한 종교라 보기에는 상당한 거리가 있다. 오늘 이 종교가 널리 선포되지 못하는 이유도 여기에 있지 않나 생각된다.

제 7 장
유대교(Judaism)

유대교는 기독교의 전신(前身)이며 모태(母胎)이다. 기독교와 유대교는 그 신관과 우주관을 같이하고 있으며 유대교의 경전인 구약 성경을, 그 배열의 순서는 다르나 다 같이 경전으로 여겨 높이고 있다.

따라서 유대교는 기독교인에게 있어서 대립의 관계라기 보다 어머니 종교로 간주되고 있다. 실제 기독교의 창시자인 예수께서도 유대교의 종교적 훈육을 받았으며 구약 성경을 그의 유일한 경전으로 인정하셨던 것이다(마 5:18).

유대교란 명칭이 처음으로 나타난 것은 기원전 100년에 기록된 제 2 마카비서였는데 유대인의 종교라는 뜻이며 신약 성경에는 갈라디아서 1:13에 나타나 있다.

유대교는 훌륭한 경전과 높은 종교 사상과 위대한 도덕적 교훈을 가진 종교로써 위에서 언급한 바와 같이 기독교의 모체가 된 동시에 또 다른 세계적 종교인 이슬람교의 발생에 영향을 주었는데도 불구하고 그 신봉자들이 가진 편협한 배타주의와 종족적 편견 때문에 한 국가의 종교로 고정화(固定化)되어 다만 그 숭고한 경전이 주는 감화와 영향이 그 종교 자체로서는 그의 후신인 기독교가 주는 것 같은 감화와 영향을 주지 못하고 있다.

이 종교는, 나라를 빼앗기고 세계 각국으로 흩어진 그 신봉자들에 의하여 서쪽 아세아와 유럽 각국과 미국에 유포되어 다만 히브리족(유대인)만이 신봉하고 있다. 세계 전체의 유대교도의 수는 유대인 총수 약 1천 5백만 명에 대하여 90%가 넘는 13,500,000명의 수를 가지고 있으며 나머지는 기독교인 내지 이슬람교인이다.[1] 주한 이스라엘 대사관 문화부의 보고에 의하면 2000년도 기준으로 국내 인구 600만 명 중 450만 명이 유대교인이고 100만명이 이슬람교인이며 기타 기독교인 및 소수 민족이 50만 명이라 한다.

1. 유대교의 발생과 발전

(1) 여호와 종교와 모세(B.C. 1200)

유대교를 민족 종교로 조직화 하고 경전을 기록한 사람은 모세이다. 비록 히브리족의 조상은 아브라함이며 그가 그 후손들에게

---

1) 기독교서회 편 : 기독교대사전, 유대교 735면 참조.

유일신 사상을 물려주었음에도 불구하고 유대교적 신앙을 조직화하여 후세에 영향을 끼친 사람은 모세였다.

구약 창세기에 의하면 모세는 팔레스타인에 흉년으로 인하여 애굽으로 내려간 야곱(일명 이스라엘)의 후예였다. 그는 애굽 왕의 히브리족의 산아 제한 정책으로 인해 그 부모가 더 이상 숨길 수 없어 부득이 갈대 상자에 넣어 강가(나일 강) 갈대밭에 두었으나, 애굽 공주에게 발견되어 구원을 받아 애굽 궁중에서 양육받았다. 그는 어려서 애굽 공주에 의하여 유모로 고용된 친어머니의 양육을 받을 때 동족애의 깊은 감화를 받았을 것이라 본다.

나이 40이 되었을 때 그는 궁 밖에서 자기 동족의 고역과 학대받는 참상을 보고 의분을 일으켜 애굽인 공사 감독자 한 사람을 죽인 일로 이것이 탄로 될까 두려워 화려한 궁중 생활을 버리고 미디안 광야로 망명하여 거기서 40 년이라는 긴 세월 동안의 목양 생활을 하면서 미디안 땅의 제사장의 한 딸과 결혼하여 자녀도 생산하였다.

그는 이와 같이 비교적 안정된 생활을 하고 있었으나 그의 머릿속에는 언제나 애굽에서 학대받는 자기 동족에 대한 생각이 떠나지 않았으며, 그들을 구출할 방도를 생각하고 있었을지 모르며 때로는 그가 숭배하는 신에게 눈물의 호소도 하였을 것이다.

하루는 그가 호렙 산 기슭까지 그의 양을 몰고 갔을 때 멀리서 이상한 광경을 보았다. 호렙 산 기슭 한 곳에 있는 한 그루의 가시나무에 휘황한 불이 붙고 있었으나 이상한 것은 그 나무는 타지 않는 것이었다.

그 이상한 광경을 본 그는 그곳으로 가까이 갔으며, 거기에서 '스스로 있는 자', 즉 여호와 신(야훼, Yahweh)의 부름을 받았으며, 그에게서 자기 동족을 구출하라는 소명을 받았다(출 3:14).

모세는 자신의 부족함을 이유로 하나님의 소명을 수차 거절했으나 하나님의 강권에 어쩔 수 없이 민족 앞에 나선다. 그리고 하나님의 전적인 도우심을 힘입어 2백만(장정만 60만)에 가까운 동족 이스라엘족을 애굽에서 구출하기에 성공하였고, 그들을 언약의 땅 가나안, 즉 팔레스타인으로 인도하기까지 40 년간을 광야에서 지냈으며, 그동안 시내 산(호렙 산)에서 십계명을 중심하여 유대교 경전의 핵심이 되는 법전(法典)을 받았다.

모세에게 나타난 야훼 신은 모세 이전의 조상들에게도 자주 나타나셨으나 모세에 의하여 그 성격이 더 뚜렷해진 것만은 확실하다.

(2) 가나안 입성으로부터 왕국의 건설까지 (B.C. 1200~1030)

이스라엘 민족의 해방자인 모세는 가나안 입성을 보지 못하고 요단 강 동편 느보 산맥의 비스가 산 상에서 서거하였고, 그의 후계자 여호수아에 의하여 이스라엘족의 가나안 입성이 가능하게 되었다.

그 후에 그들은 목축 생활에서 비교적 발달된 농경 생활과 좀 더 진보된 문화적 생활에 접촉함과 함께 자연적으로 영향을 받았으며 따라서 그들의 종교 생활에도 많은 감화를 받았다. 그 결과 유일신 사상에서 떠나 그 지방신 바알을 섬기기도 하였으며 농경 생활에 있어서 많은 수확을 상징하는 성 행위도 역시 종교적 행사로서 감행하였던 것이다.

이른바 사사 시대(士師時代)(B.C. 1230~1030)에서 그들은 일정한 곳에서 제사를 드리지 않고 벧엘, 단, 브엘세바 등 여러 곳의 산당에서 드렸으며 여호와 경배와 우상 숭배는 동시에 행해졌다. 그리고 그들은 인제(人祭)를 배워 이를 실행하기도 하였다.

사사 입다가 무남독녀를 번제로 드린 사실은 그 일례이다. 이들에게는 제사장이 있었으며 제사장은 제사직 이외에 재판과 여호와의 뜻을 물어 이를 백성들에게 전하는 일을 하였다.

(3) 왕국의 건설에서 포로 시기까지(B.C. 1030~586)

사사 시대를 지나 그들은 점차로 격화되는 이적의 침입에 대비하기 위하여 확고한 왕정(王政) 수립의 필요를 절감하여 사울이라는 사람을 왕으로 추대하였다. 왕정의 수립은 사사 시대의 최후를 장식하는 동시에 예언자로서의 최초의 인물인 사무엘과 그의 영도 하에 있는 예언자군(豫言者群)에 의하여 이루어졌다.

사무엘은 애국자이며 동시에 위대한 종교가로서 나라의 기초를 참된 여호와 신앙 위에 세우기 위해 전력을 다 기울였다.

왕정 수립 이후에 문서 예언자가 나기까지 가장 두드러진 예언자는 엘리야와 그의 후계자 엘리사이다. 그중에도 엘리야는 가나안인의 수호신(守護神)인 바알 신의 경배자들과 치열한 항쟁 끝에 마침내 그들을 제압하고 여호와 경배의 능력을 과시하였다(왕상 16:13~33, 18:20~40).

사무엘 시대에 설립된 유대 왕국은 사울, 다윗 왕을 거쳐 솔로몬 왕 말년에 그의 우상 숭배 죄로 말미암아 불행히도 남북 왕국이 분열되는 원인을 제공했다. 그가 죽은 후, 그의 아들 르호보암 시대에 와서 결국 남북이 갈라져(왕상 11~12장, B. C. 933) 북왕국을 이스라엘, 남왕국을 유대라 하여 수 삼 세기를 계속하다가 북왕국 이스라엘은 기원전 721년에 앗수르에 의하여 멸망되고 남왕국은 기원전 586년에 신흥 바벨론에 의하여 망하였다.

이 동안에 남북국에서는 위대한 예언자들이 배출되어 이른바 예언자의 황금 시대를 이룩하였던 것이다. 이 시대의 예언자들을 문서 예언자라 부르는데 그 이유는 그들이 각각 그들의 전한 교훈을 글로 써서 후세에 남겨 주었기 때문이다.

최초의 문서 예언자는 아모스이다. 그는 기원전 8세기에 남유대에서 출생하였으나 주로 북이스라엘에서 예언하였다. 그는 당시 국내외 정세와 그들의 도덕, 종교 생활 상태에 정통하여 당시 이스라엘의 지도 계급의 사치, 부도덕, 잔인상을 심하게 공격하였으며 여호와 하나님의 공의(公義)를 강조하여 "오직 공법을 물같이 정의를 하수같이 흘릴지로다"(암 5:24) 하여 하나님은 의식적 제사와 제물보다 그들의 의로운 생활을 요구하신다고 외쳤다.

아모스의 후배인 호세아는 기원전 746~735 경 이스라엘에서 예언하였다. 그는 자신의 가정의 비극을 통하여 하나님의 위대한 사랑을 깨달아 이를 강조하였다. 그는 여호와 하나님의 사랑을 알지 못하고 사신 우상을 섬기는 이스라엘 백성에게 "우리가 여호와를 알자 힘써 여호와를 알자"(호 6:3) 하였고 "나(여호와)는 인애를 원하고 제사를 원치 아니하며 번제보다 하나님을 아는 것을 원하노라"(호 6:6)고 하였으며 "그런즉 너희는 하나님께로 돌아와서 인애와 공의를 지키며 항상 너의 하나님을 바라볼지어다"(호 12:6)라고 외쳤다.

이사야는 남유다에서 나서 주로 남국에서 활동하였다. 그는 귀족 출신으로 기원전 740~700까지 40년간이나 수도 예루살렘을 중심하여 예언한 예언자의 거성(巨星)이었다. 그는 특히 그의 깊은 종교적 경험을 통하여 여호와 하나님의 거룩하심을 느껴 이를 강조하였다. 그는 여호와 하나님을 거역하고 배반하며 동족을 학대하는 상류 계급을 향하여 그들의 회개와 반성을 촉구하였으며 그들의 형식적인 종교적 행사를 공격하였다(사 1장).

이사야의 종교 사상에서 특기할 것은 그의 메시야적 예언과 이상적 왕국의 출현의 대망이다. 이 메시야 출현의 사상은 거의 모든 예언자에 의하여 다소간 표시되었으나 특히 이사야를 통하여 가장 뚜렷이 나타났다. 예를 들면 이사야 9:6~7, 11:1~5 등은 가장 대표적인 것이다. 동시에 그가 묘사한 이상적 왕국, 평화의 나라는 전쟁과 살육에 시달리는 전 인류가 다 같이 갈망하는 세계일 것이다.

이사야와 거의 동시대 – 유대 열왕 요담, 아하스, 히스기야 시대(B. C. 740 이후)에 모레셋(예루살렘 남) 사람 미가는 주로 북극 이스라엘 특히 그 수도 사마리아의 멸망에 관하여 예언하였다. 그는 이스라엘의 부유 계급과 통치자의 부도덕과 약자 학대를 통곡하여, 그들의 범죄와 우상 숭배는 하나님의 진노를 초래하여 그의 보복을 받을 것임을 선언하여(미 3:12, 5:10~15) "여호와께서 네게 구하시는 것이 오직 공의를 행하며 인자를 사랑하며 겸손히 네 하나님께 행하는 것이 아니냐"(미 6:6~8)고 외쳐 종교의 핵심을 밝히는 동시에 종교적 신앙은 반드시 높은 도덕과 일치하여야 한다고 하였다.

그 후 미가의 예언과 같이 사마리아는 과연 기원전 721년에 앗수르에 의해 멸망당하였다.

북이스라엘 멸망 후 남유대에는 스바냐, 나훔, 하박국 등이 예언하였다. 스바냐는 기원전 625년 아모스와 같이 공의의 신을 선포하여 '여호와의 날', 즉 하나님의 세계적 심판의 날이 가까웠음을 예언하였고, 나훔은 기원전 612년에 하나님은 니느웨 성(앗수르 수도)의 심판의 날이 가까웠음을 예언하였으며 여호와는 보복하시는 하나님이시므로 죄인을 결코 그대로 사하시지 않는다는 것을 선포하였다.

하박국 선지자는 기원전 604~600년경 하나님의 세계 통치와 "의인은 그 믿음으로 말미암아 살리라"(합 2:4)는 뜻 깊은 말을 하였다. 이 한 구절은 여러 세기 후에 사도 바울, 어거스틴, 루터에게 큰 감화를 주었다.

유다국이 기원전 596년에 신흥 바벨론에게 정복당하고 많은 지도 계급의 인물들이 포로로 잡혀가기 전 예레미야 선지자는 그의 소년 시절에 하나님의 부르심을 받아 예언하였다. 그도 역시 나라 안의 지도 계급의 죄악과 우상 숭배를 맹렬히 공격하였다.

그는 "여호와는 참 하나님이시요 사시는 하나님이시요 영원한 왕이시라"(렘 10:10) 하여 여호와 하나님 외에는 다 거짓 신이라 하였고, 또한 하나님의 편재성(遍在性)을 말하여 "나는 천지에 충만하지 아니하냐"(렘 23:24) 하였다.

그의 종교 사상의 큰 공헌은 종교적 개인주의라 하겠다. 지금까지의 종교는 개인적 관심사라 함보다 한 종족, 한 국가에 관계된 일이었다. 그러나 예레미야에게 와서 종교는 그 믿는 개인과 그가 신앙하는 신과의 개인적 관계임을 밝히었다. 그는 "신 포도를 먹는 자마다 그 이가 심같이 각기 자기 죄악으로만 죽으리라"(렘 31:29~30) 하였다. 이러한 사상은 결국 종교를 국가적 좁은 테두리에서 해방하여 세계적 종교로 발전케 하였으며, 동시에 형식적이며 외부적인 데서 내면적인 데로 인도하였다(렘 31:33).

(4) 포로 생활 중의 예언자 활동(B.C. 586~539)

기원전 586년경 유대인들의 바벨론 포로 생활 중에 두 위대한 예언자의 활동이 있었는데 그중 하나는 에스겔이다. 그는 기원전 593년에 하나님의 계시를 받아 예언자가 되었으며 597년에 바벨론으로 잡혀가 거기서 포로된 유대인들에게 예언하였다.

그는 하나님의 자비와 용서를 가르쳤으나 동시에 그의 능력과 주권과 죄에 대한 가차 없는 심판과 형벌을 선포하였다.

에스겔의 종교 사상에 있어서 특기할 두 가지가 있으니, 하나는 에스겔 37장에 나타난 '해골 골짜기'의 예언이다. 이 예언은 상징적 의의를 지닌 것으로 절망적인 해골의 상태에 있는 이스라엘족이 하나님의 능력에 의하여 해방되고 회복되리라는 것을 암시하는 것이며 다른 한 가지 교훈은 예레미야와 같이 종교적 개인 주의를 선포한 점이다(겔 18:24).

에스겔은 환상 중에 예루살렘의 부흥의 모습과 여기 따르는 종교의 부흥을 예언하였던 것이다. 이 점에서 그는 유대교의 사부(師父)라 불리우고 있다.

에스겔과 함께 포로 생활 중에 활동한 무명의 예언자가 있으니 그를 제2 이사야라 한다. 그의 예언은 이사야 40장으로 66장에 나타나 있다. 그의 예언의 중심 사상은 유다 포로들의 해방과 이스라엘족의 수난(受難)의 참된 의의를 나타낸 것이었다. 우리는 그의 예언서의 유려한 문장과 심오한 종교적 사상에 감탄하지 않을 수 없으며 특히 그의 참신하고 심오한 신관은 유대교의 신관의 극치라 할 것이다. 그리고 53 장에 묘사한 '고난받는 종'의 사상은 이스라엘 민족 전체의 수난을 의인화(擬人化)한 것이다. 한편 이것은 예수 그리스도의 수난의 속죄적 의의를 가장 잘 나타낸 것이라고 할 것이다.

(5) 율법 종교의 성립(B.C. 538~400)

기원전 537년 신흥 바사(페르시아)국의 고레스 왕에 의하여 유대 포로들이 해방된 후 유대교는 점차로 율법과 제사 종교로 변모되었다. 이러한 경향은 포로 중의 예언자 에스겔에게서도 볼 수 있으나 그 후에 일어난 예언자 스가랴(B.C. 520~518)와 함께 학개(B.C. 520)와 포로 귀환 시 같이 돌아온 스룹바벨과 제사장 예수아(B.C. 520) 등의 영도 아래 더욱 촉진되었다.

그 후 기원전 449년경 바사국 궁중에서 왕을 모시던 느헤미야가 귀국하여 예루살렘 성벽을 재건하고 뒤이어 율법학자 에스라가 돌아와 율법을 선포하여 백성들로 율법에 규정한 모든 의식절차를 엄수케 하고 잡혼을 금하여 민족의 순결성을 유지하려 하였다.

그들은 율법의 엄수가 곧 여호와께 충성하는 것이라 보았던 것이다. 이러한 율법주의 내지 의식주의의 경향은 예수 당시까지 꾸준히 흘러내려와 그들은 종교의 핵심인 의(義)와 인(仁)과 신(信)보다 형식과 의례를 더 중히 여겼다.

이 율법주의 운동의 중심은 출애굽기, 레위기, 민수기 등에 나타난 세밀한 규정이다.

(6) 계시 문학 운동(B.C. 400~A.D. 100)

유대교 발전사상 빼어 놓지 못할 운동은 이른바 계시 문학 운동이다. 이것은 구약 성경 중에 에스겔서와 다니엘서 등과 구약 외경 에녹서 중에 나타났다.

이 운동은 강대한 이민족의 정복과 압박을 당할 때 자력으로 이를 벗어날 수 없는 그들이 전능하신 하나님의 능력에 호소하는 생각에서 시작된 운동이다. 이 사상은 이사야, 예레미야 등에 의해 표시된 메시야 사상과 결합되어 민중의 마음속 깊이 뿌리 박혔었다. 이 사상은 불가항력적인 외부의 압력에 실망한 나머지 생겨난 것이나 동시에 하나님께 대한 절대적인 신앙을 북돋아 주는 데 큰 역할을 하였다.

(7) 시나고그(Synagogue, 회당)의 발생

유대교의 발전을 말함에 있어서 빼놓지 못할 것이 또 하나 있는데 이는 시나고그(회당)의 발생이다. 이것의 발생은 유대인들의 바벨론 포로 생활 중이었다고 본다.

그들은 그들의 종교 생활의 총본영이었던 예루살렘에서 멀리 떨어져 있을지라도 그들의 종교 생활을 계속할 필요에서 그리고 그들이 예루살렘 의회에서의 종교 생활을 위해 시나고그라는 집회소를 만들었다. 여기에서 그들은 그들의 경전을 읽으며 여호와께 예배하였다. 그 후 유대인들이 거주하는 곳이면 어디에나 시나고그를 세웠다.

(8) 오늘의 유대교

기원후 70년 로마 군대에 의하여 예루살렘이 망하고 유대인들이 세계 각국에 흩어져 살게 됨에 따라 국가 생활은 하지 못하고 있으나 그들의 종교를 통하여 민족 정신과 그 순결성을 유지하고 있다.

오늘날 유대교는 세 파로 나뉘어 있는데 첫째는, 정통파로써 재래의 유대교의 율법주의를 고수(固守)하는 파며 둘째는, 자유파로써 현대인에게 부적당한 옛 의식과 조문을 포기하고 이를 현대인에게 적용하려는 혁신파이고 셋째는, 중간파로써 첫째와 둘째의 중간적 태도를 취하는 파이다.

2. 성문학(聖文學)의 발생

유대교의 경전은 그 내용에 있어서 기독교의 구약 성경과 같으나 다만 그 분류와 배열이 다를 뿐이다. 유대교의 경전이 비로소 생기기 시작한 것은 기원전 9세기경이었다. 그 전에는 구전으로 내려오던 그들의 신관, 우주관, 민족의 역사 등이 단편적으로 점차로 문서화되어 유행하던 것을 기원전 2세기에 이를 편집하여 한 권으로 만들었다.

그들의 경전은 3부로 나눈다.

(1) **율법서** : 성경의 첫 다섯 책이다. 그 저자는 모세라고 보아 모세 오경이라 한다.

(2) **예언서** : 전예언서, 즉 여호수아, 사사기, 사무엘, 열왕기, 후예언서, 즉 이사야, 예레미야, 에스겔과 12 소예언서로 나눈다.

(3) **시가서** : 시편, 잠언, 욥기와 오축(五軸, megilloth) 즉, 다섯 두루마리 책이라고 부르는 아가, 룻기, 애가, 전도서, 에스더와 그리고 역사서인 다니엘, 에스라, 느헤미야, 역대기 등이다(한글 개역 성경은 욥기부터 아가까지의 다섯 권을 성문서로 분류함).

(4) **탈무드**(Talmud) : 탈무드는 유대교의 경전은 아니다. 이것의 발생은 예루살렘이 로마 군대에 의하여 멸망된 후 그 민족이 세계 각국에 흩어져 살게 됨과 함께 유대 학자들에 의하여 편집된 것인데, 그 내용은 유대교 경전의 주해와 전통의 관습과 판례집(判例集)이다. 이것이 완성된 것은 기원후 6세기경이다.

3. 메시야 대망의 사상

유대국은 지리적으로 강국 사이에 놓여 있어서 다윗 왕과 솔로몬 왕의 전성 시대를 제하고는 언제나 이웃 강대국의 침략과 정복을 면하지 못했다. 예언자들은 한결같이 그들의 받는 국가적 불운은 그들의 하나님의 율례와 법도를 어긴 결과라고 하여 그들을 경책하였다.

그러나 전능의 하나님은 언젠가는 "이새의 줄기에서(다윗 왕을 지칭)한 싹을 내고"(사 11:1) "다윗에게 한 의로운 가지를 일으켜"(렘 23:5~6) 그로 하여금 유다를 구원하고 그들로 행복과 번영을 누리게 할 것이라고 믿었는데 이러한 구원자를 그들은 '기름 부은 자'라는 의미의 '메시야'라고 불렀다.

예언자들의 이러한 메시야 출현의 대망은 종교적이요 도덕적이었을 것임에 틀림없다. 그럼에도 불구하고 외국의 압박을 받는 그들은 이 사상을 정치적 복수심과 결부시켜 하나님께서 장차 압박받는 선민(選民)을 그의 큰 권능으로 구원하여 줄 '여호와의 날'을 학수고대하였던 것이다.

그러나 그들의 이러한 소망은 쉽사리 이루어지지 않았다. 여기에서 그들은 다니엘서와 같은 계시 문학의 발생을 보게 되었고 현실에서 이루어지지 못한 그들의 소망이 타계(他界)에서 이루어질 것을 바라게 되었던 것이다.

그러나 이러한 절망적인 메시야 사상은 건전한 것이라고 볼 수 없으며 참된 의미에 있어서의 메시야 사상은 정치적이며 복수적이며 물질적인 것보다 정신적이며 도덕적이며 종교적인 것이다. 이런 의미에서 유대인들이 바라는 메시야 출현의 대망은 이미 이루어졌다고 볼 수 있으니 그리스도인들은 이것이 예수에게서 실현되었다고 믿는 것이다. 이것이 유대교의 후신(後身)으로 기독교의 경전인 신약 성경에 일관한 사상이다.

4. 시온주의 운동(Zionism)

시온주의 운동은 1897년에 발생하여 제 1 차 대전 이후에 더 활발해진 운동인데 유대인들의 고국 복귀 운동이다. 구약의 대예언자들은 세계 각국에 흩어진 선민들의 귀국을 예언하였던 것이다 (렘 12:15, 16:15, 24:6, 30:3, 호 11:10~11, 슥 8:7).

그들은 시온주의의 이념 아래 팔레스타인 개발 회사를 설립하고, 막대한 자금을 모금해 토지의 구입(購入)과 개발 사업을 하고 귀국할 수 있는 지원자들에게 경제적 협조와 또 유리한 조건으로 토지를 대여하여 돌아가 살게 하였다. 그 결과 귀환한 유대인의 의하여 1948년 5월 14일 신생 이스라엘이 창건되어 오늘날 놀라운 발전을 하고 있는 것이다.

5. 유대교의 신조

다른 종교와 함께 유대교의 종교 사상도 처음부터 완전하였던 것이 아니요 점차로 발전하여 왔다. 오늘날 가장 대표적이라고 할 만한 신앙 고백은 기원후 12세기경에 유대교 학자 마이모니데스(Maimonides, 1135~1204)에 의하여 만들어진 것인데 아래와 같다.

> 나는 온전한 마음으로 하나님이 계시며, 그가 한 분이시며, 무형하시며, 영원하시며, 그에게만 기도를 드릴 수 있음을 믿으며, 예언자들의 말씀은 진실되며, 모세는 모든 예언자 중에 으뜸이 되며, 모세로 말미암아 주신 율법은 변함없이 전달되었으며…… 하나님은 인간의 행동과 사상을 아시며, 순종자에게 상을 주시고, 범법자를 벌하시며, 메시야의 오실 것과 죽은 자의 부활을 믿는다.

유대교의 절대적인 신앙은 하나님의 유일성이다. "이스라엘아 들으라 우리 하나님 여호와는 오직 하나인 여호와시니"(신 6:4~9)라는 것을 그들의 자녀 교육과 생활의 금과옥조로 삼는 것이다.

6. 결 론

위에서 우리는 여러 면으로 유대교의 발전 과정과 특색을 살펴 보았다. 유대교는 오늘날 전세계에서 가장 강력한 종교적 집단으로써 가장 고상한 신관과 우주관과 구원관 등을 전해 주었다. 그럼에도 불구하고 이 종교 신봉자인 유대인은 편협한 민족 사상과 배타주의와 지나친 율법주의 때문에 그들의 예언자들이 전한 숭고한 교훈과 정신을 몰각하고 그들의 혈통 가운데서 혜성처럼 나타난 위대한 인물 예수 그리스도를 멸시하고 배척하였다.

그러나 유대교는 기독교에 귀중한 유산을 주어 기독교로 하여금 인류 전체에 큰 공헌을 끼칠 수 있는 종교가 되도록 선구자적 역할을 한 것만은 부인할 수 없다.

제 8 장
이슬람교(回回敎)

　이 종교의 명칭은 여러 가지가 있다. '이슬람교'라 함은 이 종교의 중심 신조인 "신의 명령에 절대 복종한다"는 '이슬람(Islam)'이란 말에 근거한 것이며 마호메트교(Mahomet 또는 모하메드(Mohammed))라는 것은 교조의 이름에 의한 것이다. 회회교(回回敎 또는 回敎)라 함은 이 종교를 동방으로 선포한 회흘족(回紇族, Uigur)에 의한 것이다.
　이 종교는 기원 622년경 교조 마호메트(Mahomet, A. D. 570~632)에 의하여 창립된 세계 3대 종교로써 제일 나중에 생긴 종교이다.
　이 종교의 특색은 유대교와 기독교와 같이 절대적인 유일신을 신앙함이다.
　종교 선전 방법에 있어서 무력을 쓴다는 것이 이 종교의 특색으로 여겨지고 있는데 이것은 이 교의 경전인 코란(Koran)에도 인정되어 있다.

> 오, 선지자여 독신자(篤信者)를 명령하여 전쟁을 하게 하라. 20 명이 꿋꿋이 버티어 나가기만 하면 2백 명을 능히 정복할 것이다 …… 어느 예언자나 많은 이교도를 죽이기 전에 포로를 소유하는 것은 허락되지 않는다(코란, 수라편 제8장).

이슬람교의 분포 상태는 현재 아라비아를 중심하여 중동 지역과 페르시아와 인도와 아프리카 유럽 지역에까지 전파되었으며, 동남아 지역에는 말레이 반도에 세력을 가졌으며, 그 밖에 남북 아메리카 대륙에까지 전파되어 있다. 1998년 기준, 교세는 11억 5천만을 육박하고 있다(29쪽 통계표 참조).

1. 마호메트의 생애

마호메트는 서기 570년, 아라비아 반도의 중요 도시이며 잡신 숭배의 중심지인 메카시에서 출생하였다. 어려서 부모를 잃고 그의 숙부 아부달리프의 집에서 양육받았으며 장성하여서는 그의 숙부의 집을 떠나 아라비아 지방의 대상(隊商)을 따라다니며 상업을 하였다.

이때에 그는 수리아, 이집트, 팔레스타인 등지로 다니는 중에 유대인, 기독교인들과 접촉하면서 유대교와 기독교에 대한 이야기와 그들의 경전에 대한 지식도 다소 얻었던 것으로 보는데 이것이 후일 그가 창설한 종교의 배경이 되었던 것이다.

그가 대상을 따라다니던 중 한 부유한 가정의 사환으로 고용되어 일을 하다가 집 주인이 별세 후 자기보다 15 세나 연상인 그의 미망인의 청혼에 의해 결혼하여 자녀를 낳고 단란한 가정 생활을 하게 되었다.

생활상 어려움을 면한 그는 한가한 시간을 얻을 수 있게 된 이외에 천품이 종교적이어서 때로 깊은 산중에 들어가 홀로 명상과 기도에 잠기는 시간이 많았다. 이러한 생활을 12 년간이나 계속하는 동안 그는 신의 계시와 환상을 얻었으며, 신의 예언자가 되라는 명령을 받았다 한다. 그는 자기의 신비적 체험을 그의 애처에게 고백했을 때 이것은 신의 계시임에 틀림없다고 격려하면서 마호메트의 첫 신자가 되었으며 그의 친척 중에서도 몇 명의 신자가 생겼다.

그런데 당시에 메카를 중심으로 아라비아 일대에는 잡신 숭배가 성행했으며 메카시에는 장엄한 신당이 있어서 해마다 많은 참배자들이 모여들었으므로 도시가 번영해 시민들의 수입도 막대하였던 것이다. 그러나 마호메트의 유일신 종교의 선포와 우상숭배의 배척은 그들의 종교에 큰 타격을 주어 이로 말미암아 도시 번영에 큰 위협이 되었으므로 마호메트는 시민들의 맹렬한 반대를 받아 그 신변이 위태롭게 되었다.

그는 이제 더 메카시에 머무를 수 없게 되었으므로 그의 유일한 친구인 아부 바크르(Abu Bakr)라는 사람과 함께 메카시를 빠져나와 어느 굴에 숨어 있었다. 여기에서 아부 바크르는 원수들에게 잡혀 죽을까 봐 심히 두려워하였으나 모하메트는 "우리 둘

만이 있는 것이 아니요, 셋이 있는 것이요 알라신이 우리와 함께 있소"라고 하여 그를 격려하였다 한다.

마호메트의 메카 탈출은 서기 622년이었으며 이 탈출을 '헤지라(Hegira)'라 하므로 이 말을 라틴어로 바꾸어 '아노 헤지라(Anno Hegira)'라 하고 약자로 A. H.라 써서 그들의 기원 원년으로 삼는다. 때에 그는 52세였다.

메카시를 탈출한 그는 이웃 도시 메디나를 그의 본거지로 삼아 종교 선전과 교세 확장에 전력하였다. 그는 여기에서 아가바 서약 6개조를 제정하였는데 아래와 같다.

(1) 한 분 하나님 외에 경배치 않는다.
(2) 도적질 아니한다.
(3) 음행을 아니한다.
(4) 영아 살해를 아니한다.
(5) 남을 비방하지 않는다.
(6) 옳은 일에는 절대로 예언자 마호메트를 불복종 않는다.

이 밖에 그는 이슬람교당을 세워 매일 기도와 매주 금요집회를 하였으며, 종교 교육과 교도들의 신앙심의 훈련에 주력하였다. 그리고 포교에 무력 사용을 인정하였다 그는 그의 신도들로 지금까지 예루살렘을 향하여 기도하던 것을 메카를 향하여 하게 하였으며 유대교의 속죄일(유대력 '티쉬리' 즉, 7월 10일)에 하던 금식을 회교력의 9월. '라마단' 월 중에 하게 하였고 유대인에 대한 호의는 잔인한 학살과 박해로 변하였다.

그의 제일 부인은 그가 메카시를 탈출하기 전에 사망하였는데 그 후에 그는 적어도 11 명의 아내를 맞았다. 이로 인하여 가정적 풍파도 적지 않았다.

그는 만년에 자기의 고향 메카시를 점령하고 이 성내에 우상 숭배의 금지를 단행하고 회교당을 건설하고 그들이 신성시하는 검은 돌(黑石)을 안치하였는데 이 돌은 알라신이 보낸 돌로 여겨 위하는 것이었다. 오늘날도 전세계에서 오는 순례자들은 이 돌에 입을 맞춘다.

종교적, 정치적 권력을 한 손에 잡은 그는 그리스, 페르시아(지금 이란), 이집트, 아비시니아, 로마에까지 사신을 보내어 자기의 종교를 신봉할 것을 강요하였던 것이다.

62 세 즈음에 그는 그의 별저에서 그가 가장 총애하는 아내의 품에서 운명하였는데 그의 최후에 남긴 말은 이것이었다.

> 주님! 나에게 용서를 베푸소서. 나를 높은 곳에 있는 무리들과 연합하게 하옵소서. 저 낙원의 영원한 곳에 있는 무리들과…… 용서를 빕니다. 높은 곳에 있는 복된 무리 가운데 있게 하소서!

그의 서거 후에 그의 신도들은 그를 숭배한 나머지 그가 알라신과 일체라고 믿었고 그를 인간 이상의 인물로 여겼다. 그러나 코란경 여러 곳에는, 그는 다만 보통 인간으로, 알라신의 예언자로 인정되었을 뿐이다.

그의 일생 동안 적어도 십여 명의 아내를 취하였다는 것은 큰 종교의 창설자로서는 합당한 일로 보기 어렵다. 그는 심지어 자기 양자의 이혼한 아내까지 아내로 맞았다. 그는 또한 복수심에 강하여 유대인과 메카인과 그 밖의 이슬람교를 믿지 않는 자들을 무력으로 정복하였다는 것은 잘 알려진 사실이다.

2. 경전과 교설

(1) 경전

이슬람교의 경전은 코란경이다. 코란은 '읽을 것'이라는 뜻이다. 이 경전은 마호메트가 알라신에게서 직접 받은 계시라고 믿는 것이다. 그 표현 형식은 어떤 때는 다만 알라신의 대언으로 표시되었다. 이런 점에서 신도들은 이 경전의 절대적 권위를 인정하고 신봉하며 일점일획의 잘못도 없다고 믿는다.

그러나 실제에 있어서 마호메트는 이 경전의 한 구절도 기록하지 않았으며, 그의 후계자 아부 바크르와 제 3 대 교주 오트만에 의하여 편찬된 것이다.

이 경전의 내용을 검토하면 비록 알라신의 계시에 의한 것이라 하나 이 가운데는 아라비아 부족들의 종교적 신앙과 전설 등이 포함되어 있으며 유대교의 구약과 기독교의 신약 성경에서 나온 것도 적지 않다.

코란경은 총 114 장으로 되었는데 가장 긴 장으로 시작되어 가장 짧은 장으로 끝마쳤다. 각 장에는 제명(題名)이 붙여 있으니 예컨대 제 4 장에는 여인, 제 24 장에는 광명, 제 40 장에는 신도, 제 54 장에는 달 등과 같다.

경전의 각 장은 구약 성경에 "여호와께서 가라사대"라고 한 것처럼 "자비로우신 알라신의 이름으로"라는 말로 시작되었다. 그리고 여기에는 마리아의 아들 예수의 예언이라 하여 장차 아메드(마호메트)라는 사도의 출생을 예언한 말이 있다.

(2) 교설(敎說)

이슬람교의 교설은 크게 두 부분, 신조(Iman)와 실천 조목(Din)으로 나눈다. 신조에는 6 조가 있는데 즉 신, 천사, 경전, 예언자, 천명(天命), 내세이며 실천 조목은 신앙 고백, 예배, 금식, 자선, 순례의 5 조이다.

① **신조**
(가) **신(神)**
이슬람교는 절대적 유일신 '알라' 신에 대한 신앙을 기초 도리로 삼는다. 비록 호칭(呼稱)에 있어서 '우리'라는 말을 썼으나 철저한 유일신 사상은 마호메트로 하여금 기독교의 성부, 성자, 성령의 신앙을 다신교라 하여 비웃게 하였다.

코란경에 '알라' 신은 '주'로 많이 불리었으며 그 밖에 유일자(唯一者), 전능자, 왕, 정복자, 복수자, 주관자, 살인자, 승리자, 긍휼히 여기는 자, 자비자, 용서자, 또는 사랑으로 나타난다. 특히 그는 악인을 벌하고 선인에게 상 주는 이로 기록되었으며, 그를 순종하는 자에게 은혜로우며 용서하는 신으로 나타냈다. 알라신은 도덕적 범죄를 할 수 없는 신이나 그의 원하는 일은 무엇이나

할 수 있는 동양적 폭군과 같은 절대 의지의 소유자로 표현했다.

그리하여 마음에 내키는 대로 사람을 선도하기도 하고, 좋지 못한 길로 인도하기도 하며 어떤 때는 벌하고 어떤 때는 용서하는 신으로 기록되어 그 속성 자체에 모순성을 내포하고 있다.

이런 신관에 의한 구원관은 아랍어의 '이슬람', 즉 알라 신에게 절대 복종하는 데 있는 것이다.

(나) 천사와 사탄

그들은 천사와 사탄을 믿었다. 이 사상은 구약성경과 조로아스터교와의 접촉에서 얻은 사상이라 볼 것이다. 사탄은 천사의 타락한 자로 보았다.

(다) 경전

그들은 코란경의 절대 권위를 믿으나 그 밖에 모세에게 내린 히브리인의 율법서(토라)와, 다윗의 시편과, 예수님의 복음서 등도 다 알라 신이 내린 것이라 보았다.

(라) 예언자

코란경에는 마호메트 자신 이외에 62인의 예언자를 더 언급하였다. 그 중에 22인은 구약 성경의 인물로서 아담, 에녹, 므두셀라, 노아, 아브라함, 롯, 이스마엘, 이삭, 야곱, 모세, 다윗, 솔로몬, 엘리야, 엘리사, 요나 등이며 신약 성경의 인물로는 사가랴, 세례 요한, 예수, 그 밖에 알렉산더 대왕도 포함되었다. 마호메트 자신은 최대의 예언자로서 이상 모든 예언자들에 의하여 증언되었으며 준비되었다고 보았다.

(마) 천명(天命) 혹은 예정 사상

그들은 인간 만사, 심지어 인간의 신앙, 불신앙까지 알라신의 예정으로 보았다. 살인의 경우에 있어서도 그것은 신의 정한 일이라 보았다(코란경 8:15).

(바) 내세(來世)

그들은 천당과 지옥을 믿는다. 천당의 묘사는 신약 성경 요한계시록의 그것과 유사한 점도 있으나, 매우 관능적(官能的)인 것으로서, 이 세상에서 보통 행복된 생활이라고 부르는 모든 물질적 향락을 누리는 곳으로 보았다. 독신자(篤信者)에게는 즐거운 동산과 흐르는 강가에서 안락한 자리에 앉아 큰 눈을 가진 여자(미인의 묘사)와 결혼하고…… 좋은 과실과, 맛있는 고기와, 넘치는 술을 먹고 마시게 할 것이며…… 거기에는 아픈 것도 없을 것이라는 등등의 말로 묘사되었다.

그 반면 지옥에는 이글이글 타는 불이 악인을 휩쌀 것이며 그들이 고통에 못 이겨 호소하면 끓는 쇳물 같은 것이 그들의 얼굴을 구을 것이다. 그들은 죽지도 않고 살 수도 없다 하였다.

② 실천 조목

(가) 신조의 구송(口誦)

모든 이슬람교도는 그들의 유일의 신조인 "알라신 외에 다른 신은 없다. 마호메트는 그의 예언자이다"라는 것을 아랍어로 매일 구송하여야 한다.

(나) 기도

신도들은 매일 다섯 차례 그들의 성지 메카를 향하여 기도하여야 한다. 코란경에는 하루 세 차례 즉, 먼동 틀 때와, 정오에와 저녁에 기도할 것을 지시했다.

그 밖에 구제와 금식과(회교 월력으로 9월 중), 메카 순례를 요구하고 있다. 메카 순례는 일생에 적어도 한 번은 하여야 하며, 자신이 못하면 대리자라도 보내야 한다. 그러나 제 1 차 대전 이후 터키의 교도들은 메카 순례를 하지 않는다 한다.

3. 이슬람교의 약사(略史) - 사라센 왕국 건설

교조 마호메트가 서기 632년에 서거한 이후에 그에게는 후손이 없었으며 후계자도 지명하지 않았으므로 그의 친구 네 사람이 632~660년까지 28 년간을 '칼리프(Caliph)' 로써 이슬람교의 교주가 되었었다. 그들은 교조의 뜻을 따라 포교를 하는 동시에 무력으로 영토를 확장하여 사라센 왕국을 건설하였다.

제 1 대는 아부 바크르(632~634)(모하메트의 장인이라고도 함)인데 그는 최초로 코란경을 편집하였으며, 제 2 대로 오마르(Omar)가 계승하여 634~644년까지 위에 있으면서 과감한 영도 아래 다메섹, 예루살렘을 위시하여 고대 바벨론, 앗수르 제국의 영토였던 지역을 점령하였으며, 이집트와 페르시아까지 그의 판도(版圖) 안에 넣었다. 제 3 대로 오트만(Ottman) 혹은 우스만(Usman)이 644년에 오마르를 계승하였는데, 그는 코란경을 수정 편집하였으며, 제 4 대는 마호메트의 사위인 알리(Ali)가 계승하였다.

알리(Ali)가 암살된 후에는 칼리프의 계승 문제로 2파전(二巴戰), 혹은 3파전이 벌어져 그 결과 동서 사라센 왕국으로 갈리어 동 사라센은 그 수도를 바그다드(Baghdad)에, 서 사라센은 다메섹에서 그 세력을 스페인까지 뻗쳐 코르도바(Cordoba)를 수도로 하여 서로 세력 다툼을 하였으며, 동시에 이집트의 카이로(Cairo)에도 회교 왕국을 건설하였었다. 특히 동 사라센국의 궁중 생활은 호화 사치가 극하여 『아라비아 야화(*The Arabian Nights*)』의 재미있는 이야기의 소재(素材)가 되었다.

11세기에는 터키가 회교국이 되어 20세기까지 회교의 중심지가 되고 있다. 1453년에는 터키인이 소아시아와 유럽과 콘스탄티노플을 점령하여 꾸준히 그 세력을 펴내려 오다가 18세기 초에 무너졌다.

오늘날 인도 내에서의 회교도는 전 인구의 5분의 1을 차지하게 되어 그들은 마침내 1947년 인도와 분리하여 파키스탄 공화국을 건설하기에 이른 것은 다 아는 사실이다.

회교 왕국의 건설과 함께 특필할 사실은 동서 사라센국은 그들의 수도 바그다드와 코르도바에 경쟁적으로 대학을 세워 중세기에 있어서 세계 문화의 요람지(搖籃地)가 되었다는 사실이다.

특히 아불 압바스(Abul Abbas, A.D. 750~1258) 왕조의 하룬 알라시드(Harun al-Rashid) 왕의 시대는 사라센 문화의 황금 시대였으니 고대 이집트, 앗수르, 그리시아, 로마, 인도 등의 문화를 수입하는 이외에 그들 독자의 문화를 수립하여 그들로 인하여 수학, 천문학, 지리학, 박물학, 화학 등의 자연 과학과 철학, 신학, 논리학 등의 학문도 크게 발달되었다. 특히 수학 발전에 획기적인 공헌을 한 아라비아 숫자가 그들에 의하여 창작되었다는 사실에 대하여 우리는 크게 감사할 일이다.

4. 이슬람교의 종파

이슬람교의 정치적 분열은 종파의 분열을 가져왔다. 크게 세 종파가 있다.

(1) **수니**(Sunni)**파** : 터키국의 이슬람교도들로서 이슬람교의 주류파이다. 그들은 전통주의자들로 그 특징은 '수니' 즉, 도(道)를 주장하는 것인데, 이것은 교조 마호메트에게서 직접 전해 받은 것이라 믿는 것이다.

(2) **시아**(Shia)**파** : 법통(法統)을 주장하는 파로서, 자기들은 교조의 가족인 알리의 후계자들이라 믿는 것이다. 그들은 알리와 그의 두 아들의 순교를 높이 평가한다. 시아파의 본거지는 페르시아(이란)와 아프리카이다.

(3) **수피**(Sufi)**파** : 그들이 즐겨 입는 옷 재료인 거친 양털의 명사 수프(Suf)에서 온 명칭인데 그들은 신의 화신(化身)의 도리

를 믿으며, 금욕주의와 신비적 경험으로 보통 인간도 신의 경지에 도달할 수 있다고 믿는 것이다. 수피파는 주로 페르시아와 인도가 그 근거지이다.

원래 코란경에는 종파를 부정하였음에도 불구하고 현재에는 70여 종파가 있다.

5. 결 론

이슬람교는 교조 마호메트가 기도와 명상 중 '알라' 신의 계시에 의하여 세워진 종교라 하지만 이미 살펴 본 바와 같이 이 종교에는 독창적인 점이 별로 없으며 무엇보다 알라신의 자의성(自意性)은 신 자체 내에 모순성을 지니고 있음을 부인할 수 없다.

그리고 그들이 이상하는 천당이라는 것은 매우 관능적이며 물질적이다. 이를 우리가 다만 상징적으로 본다 하더라도 기독교 경전인 요한계시록에 비하면 너무도 감각적이다. 실제 마호메트 자신의 호색적인 생활을 미루어 볼 때 그는 복종자의 상급으로 받는 천당을 최고의 육적 쾌락을 맛보는 곳으로 생각하였다는 것도 무리는 아닐 것이다.

종교와 정치를 혼동하여 포교에 무력을 쓴 것도 인도주의적 견지나 윤리적 견지에서도 건전한 사고방식이라 볼 수 없다. 강요하는 선은 참된 의미에서 선이 아닌 만큼 신앙을 강요한다는 것도 옳다고 보기 어렵다.

무엇보다 교조 마호메트의 성행(性行), 즉 그의 호색적인 점과 무자비한 보복심 등은 한 종교의 최고 지도자가 갖추어야 할 바른 덕목이라 할 수 없다.

  그러나 장점도 없지 않으니 철저한 유일신 사상, 신의에 절대 복종하는 정신, 교조 자신의 종교적 열정과 전도열, 신도들의 기도열과 전도열 등은 우리가 배울 점이다. 무엇보다 이슬람교가 끼친 문화적 유산은 높이 평가할 만하다.

제 9 장
천도교(天道敎)

한국인은 원래 종교적인 민족이다. 한(韓)민족의 시조 단군 설화에 있어서 그가 천제(天帝) 환인(桓因)의 아들 환웅천왕(桓雄天王)의 아들로서 임금이 되었다는 단군 신화에 있어서도 한민족의 종교적 신앙을 엿볼 수 있으려니와 그 후에도 꾸준히 천(天)을 믿어 온 사실을 보아서도 그렇다.

비록 외래의 종교라 할지라도 유교와 불교가 전래됨에 따라 그 세력이 전 국민 간에 쉽게 퍼진 사실, 18 세기 중엽에 한국에 전래된 천주교가 국가의 금령에도 불구하고 민간에 널리 선포된 사실 또한 신교 전래 후에 세계 선교사상 유례가 없을 만큼 급속도로 그 교세가 확장된 사례를 보아서도 그러하다.

그럼에도 불구하고 한국은 종교사상(宗敎史上)에 특필할 만한 위대한 종교를 산출하지는 못하였고 다만 본 장에서 소개하려는 천도교가 있으나 그 역시 한 종교로서의 독특한 점이 별로 없고 그 종교가 말하는 바와 같이 유교, 불교, 선교(仙敎) 혹은 도교에서 장점을 취하고 단점을 버리어 한 종교를 만들었을 뿐이며 천도교의 종지(宗旨)를 보면 교조 최제우(崔濟愚) 당시에 이미 천주교가 성행하였는데 그 교의에 기독교의 그것과 유사한 점이 있는 것을 보아 기독교의 영향도 받았을 것이라는 생각을 가질 수 있다.

천도교는 3·1 운동을 전후하여 그 세력이 최고조에 달하였고 (신도 약 300만 명) 그 후로는 쇠퇴하고 있다고 볼 수 있으며 오늘에는 사회적 존재마저 극히 미약한 형편에 있으며 신도 수는 약 99만으로 보고 있다(2002년도 기준, 문광부 종무과에 보고 제출된 자료).

1. 교조의 생애와 천도교의 발달사

(1) 제 1 대 교조 최제우(崔濟愚)

천도교는 1860년경 신라 명유(名儒) 최치원 선생의 후손 최제우 선생에 의하여 창시된 종교이다. 그의 원명은 제선(濟宣) 또는 복술(福術)이며 호를 수운(水雲)이라 하였다. 그는 1824년 12월 28일, 그의 부친 최옥이 은거하던 경북 경주군 현곡면 가정리에서 출생하였다.

그의 부친은 어려서부터 총명한 그를 기특히 여겨 열심히 훈육하였다. 그러나 그는 16 세에 불행히도 부친을 잃고 가세가 빈곤

하게 되자 농사와 장사로 생계를 유지하였다.

그러는 중에도 그는 천품이 종교적이이서 유교, 불교, 도교 등의 서적을 탐독하는 것 이외에 홀로 앉아 깊은 명상에 잠기기도 하고 혹은 고명한 동승(道僧)이나 이름 있는 유학(儒學) 선생을 찾아 의문 되는 것을 묻기도 하였다.

그가 30세에 고향 경주를 떠나 경남 울산에 옮기어 살 때 전하는 바에 의하면 32세 되던 2월, 한 사람의 도승이 돌연히 선생을 찾아와 "나는 금강산 유점사에서 부처님에게 100일 간 기도하다가 마치는 날, 한 진기한 책을 탑 아래서 얻었는데 그 뜻을 알 수 없어 사방으로 높은 승려와 큰 선비에게 물었으나 아무도 이를 이해하는 자 없다"고 말하고 한 책을 보였다.

그는 이 책을 받아 본즉 유, 불, 선 세 종교에 대하여 진술한 책이었다. 그는 이 책을 빌려 밤낮으로 읽어 그 책의 내용을 해독하였다고 한다. 사흘을 지나 그 도승이 다시 선생을 찾아왔을 때 그 책에 대한 자신의 소신을 말하였더니 도승은 크게 기뻐하며 "하늘이 이 책을 귀하에게 주시는 것이라" 말하고 어디론가 사라졌다고 전하고 있다.

33세에 선생은 경남 양산군 통도사에 들어가 49일간 하늘에 기도하는 중 천명(天命)을 듣고 그의 종교적 신념은 더욱 깊어졌으며 그의 원래 이름인 제선을 제우(濟愚)로 고친 것도 이때였는데 이는 많은 어리석은 사람들을 건진다는 뜻이다.

그의 전기에 의하면 그 후 다시 고향 용담(龍譚)으로 돌아가 계속 명상과 기도로 세월을 보내는 중, 그가 처음으로 상제의 음성을 들었을 때에 정신의 이상을 느꼈고 몸이 떨렸으며, 공포를 느꼈는데 상제의 소리가 있어 이르기를 "나는 노신(怒神)도 아니오, 원수의 신도 아니다. 너의 아버지인 신이다" 말하고 '무'자(無字)의 부적을 내려 주었다고 한다.

　선생은 이것을 받아 불에 살라 맑은 물에 타서 매일 마셨더니 심신이 맑아지고 신의 음성을 더 자주 듣게 되고, 신과의 영교가 더 잦아졌다는 것이다. 이에 상제께서는 선생을 어린 아이처럼 사랑하시어 하루는 그가 명상하고 있을 때 "내가 이미 모든 것을 네게 주었으니 너는 지금부터 나아가 나에게 받은 큰 도에 의하여 모든 백성을 가르치라" 하였다고 한다.

　이리하여 선생은 몸을 바쳐 도를 전하기로 결심하고 도를 천도(天道)라 하고 당시에 널리 퍼진 천주교를 서학(西學)이라 함에 반하여 자기의 종교를 동학(東學)이라 하고 광제창생, 포덕천하(廣濟蒼生, 布德天下), 즉 널리 창생을 건지고 덕을 천하에 편다는 취지 아래 선도(宣道)를 시작하였는데, 때는 1860년 4월 5일이었다.

　이와 같이 그는 서학에 반대하여 자신의 종교를 동학이라 불렀음에도 불구하고 그가 가르친 신관에 있어서 그 신의 명칭을 천주(天主)라 한 점 등 그의 신앙 교리가 천주교와 유사하다 하여 일반 유생들에게 오해를 받아 "자기의 도는 예나 이제나 듣지 못한 것이다"(今不聞, 古不聞之事也)고 강력히 반박하였음에도 이단 사설(邪說)로 규정되어 큰 반대와 박해를 받았다.

　그는 모든 정세가 자신에게 이롭지 못함을 느끼고 순교의 각오를 가지고 때를 기다리면서 후계자로 최시형(崔時亨)을 선택하였다. 그 후 그는 그의 예측대로 당시 대구 감사 서헌순(徐憲淳)에 의하여 체포되어 한 달가량 심문당한 끝에 좌도혹민(左道惑民) 이라는 죄목 아래 그의 포교 4 년만인 1864년 3월 10일 형장의 이슬로 화하니 때에 그는 41 세의 장년이었다(이광수 저「순교자의 죽음」참조).

(2) 제 2 대 교주 최시형(崔時亨)

제 2 대 교주 최시형의 처음 이름은 경익(慶翊), 자(字)는 경오(敬悟) 호는 해월당(海月堂)이라 하였는데 최제우 선생의 동족인 경주 최씨였다. 1827년 3월 21일 경주 동촌에서 출생했으며 일찍이 부모를 잃어 계모의 손에서 양육받았다. 어려서부터 가세가 몹시 어려워 자신이 생계를 도모하지 않을 수 없었다. 19 세에 결혼하였으며 그 후 경주군 승광면 마복동(昇光面 馬伏洞)으로 이주하여 살던 중, 1대 교주 최제우 선생의 전도를 듣고 신도가 되었다.

신도가 된 후 그는 이 종교에 열심하여 정좌(靜坐), 청수 목욕 기도 등의 방법으로 영감을 받아 이 종교의 진수(眞髓)를 깨달았다고 전한다.

최제우 선생의 처형 후 동학교도가 박해를 당하게 됨으로 그는 부득이 다른 교도들과 함께 피신하였으며 1866년에는 대원군의 천주교도 박해와 함께 천도교의 포교도 더욱 어렵게 되었다. 이와 동시에 1869년 초에는 이필(李弼)이란 자가 천도교의 이름을 빌어 동학당(東學黨)이라 하여 문경(聞慶)에서 난을 일으켜 탐관오리를 징계하고 다스렸다.

이에 놀란 경상북도의 관헌은 천도교를 박해하였으므로 최시형은 부득이 또 피신하였다가 1873년에는 다시 충북 단양 도솔봉 아래 송부(松阜)란 곳으로 옮겨 농업에 종사하면서 세상에 나타나지 않았으므로 관헌의 경계가 다시 완화됨에 따라 그는 다시 포교에 착수하여 많은 교도를 얻었다.

그러나 1883년에 다시 관헌의 감시와 박해가 시작되므로 그는 다시 공주로 피신하여 화를 면하였다. 이때 그는 교도 중 유력자가 관헌에게 잡히면 교도들에게서 금품을 거두어 이로써 체포된 교도를 구출하였는데 천도교의 성미(誠米) 제도는 여기서 시작되었다 한다.

그러나 관헌을 금품으로 매수하는 일은 도리어 그들의 탐욕을 자극하여 자주 교도들의 가택을 수색하며 금품을 강요하는 등의 폐해가 많았다.

이와 같이 이 종교 신도들이 무고히 관헌의 탄압과 박해를 받는 것을 부당히 생각하는 교도들은 최시형에게 당국의 이러한 부당한 처사를 시정토록 진정할 것을 건의하였다. 이에 최시형은 전국 교도 중 유력자를 소집하여 당시 전라 감사 이헌직(李憲稙)에게 세상이 천도교를 서학으로 오인하나 이는 서학이 아니라는 점과 또 제 1 대 교주 최제우는 억울하게 처형을 당하였으니 이를 밝혀 무죄를 선고해 줄 것과 앞으로 무고한 교도들의 해받음이 없도록 하여 줄 것 등을 진정하였다. 이에 감사 이헌직은 그들의 말을 들어 천도교도의 무단 체포와 금품 늑탈 등을 금하였다.

그 후 다시 교도에 대한 박해가 계속되었으므로 1893년 2월에는 수만의 교도가 집단적으로 서울에 올라와 광화문 앞에 엎드려 임금께 상소하고 교조의 신원(伸寃)을 호소하였다. 그리하여 정부도 그들의 호소를 들어 주었다.

그러나 탐관오리들의 늑탈 행위는 계속되었으므로 1894년 이태왕 31년 1월 전라북도 고부(古阜)의 부농 전봉준(全奉準)이 "관헌의 포학을 제거하고 백성을 건진다"는 구호 아래 민란을 일으켰는데 이것이 이른바 '동학 농민 운동'이다.

이와 동시에 다른 여러 곳에서도 동학의 이름을 빌어 난을 일으킨 자가 적지 않았던 것이다. 그러나 최시형은 이러한 움직임에 찬성치 않고 자신의 종교적 순수성을 고수(固守)하기에 힘썼다. 그럼에도 불구하고 이 난은 유력한 교도들의 호응을 얻어 파죽지세(破竹之勢)로 고부를 점령하고 다시 수천의 무리는 전주(全州)에 침입하여 관군과 싸워 5백의 관군을 죽였다.

이 난은 각처에 확대되어 전라도 일대를 풍미하였으며, 이것은 다시 충청도와 경기도에까지 퍼져 이에 호응하여 합세하는 무리가 많아져 그 세력이 커짐에 따라 정부는 이를 진압하고자 백방으로 노력하다가 성공치 못하게 되므로 부득이 청의 위안스카이에게 청병까지 하기에 이르렀으며 일본의 간섭까지 받아 겨우 진압되었다. 이 난으로 인하여 교도의 희생당한 자가 무려 3만이나 되었다고도 하며 40여 만이라고도 하나 후자는 과대한 숫자가 아

닌가 한다. [1]

위에서도 언급한 바와 같이 최시형은 동학의 난에 직접 개입하거나 지도한 바는 없었으나 관헌의 초점은 자연히 선생에게 집중되었으므로 그는 부득이 일시 피신하였다. 그러나 그런 생활을 오래 계속할 수 없었으므로 그는 1897년 손병희(孫秉熙)에게 법통(法統)을 전하고 자신은 그 이듬해에 강원도 원주교당에 가서 포교하다가 관헌에게 체포되어 서울로 호송되어 그해 6월 교수형(絞首刑)을 당하였다. 때에 그는 이미 72 세의 고령이었다.

(3) 제 3 대 교주 손의암(孫義庵)과 그 이후

3대 교주 손병희(孫秉熙) 선생은 1861년 4월 8일 충북 청주군에서 출생하였는데 자(字)를 응구(應九)라 하고 호는 의암(義庵)이라 하였다. 그는 어려서부터 약자에 대한 동정심이 강하여 불우한 가운데 있는 사람들을 많이 구출하였으며 22 세에 천도교 신자가 되었다.

'동학 농민 운동' 중에는 최시형으로부터 난도(亂徒)들을 권고하여 난을 중지하도록 하라는 부탁을 받아 노력하였으나 뜻을 이루지 못하고 도리어 폭동의 혐의를 입어 평북 강계로 일시 피하였다가 다시 돌아와 최시형을 강원도 원주에서 만나 그에게서 법통을 전해받아 제 3 대 교주가 되었다.

그는 동학의 난이 평정된 후 다시 교세의 만회를 꾀해 보았으

---

1) 학원사 : 대백과사전, 천도교 조항 참조

나 여의치 않았으며, 도리어 관헌의 혐의만 받게 되었다. 그리하여 그는 일본에 망명하여 여러 지사(志士)들과 왕래하면서 국사(國事)를 의논하는 한편, 수재(秀才)를 교육하여 인재 양성에 전력하였다. 노일 전쟁 당시에는 국내의 동지들과 연락하여 진보회(進步會)를 조직하여 신문화 운동을 일으키는 동시 머리를 깎고 의복을 개량하는 등 생활의 개선과 혁신을 도모하였다.

그러나 이 진보회는 정부의 탄압을 받아 많은 교도가 희생되었으므로 그의 부하 이용구는 구명책(救命策)으로 이 회를 송병준이 영도하는 친일단체 일진회(一進會)와 병합하였다. 이와 동시에 이용구, 송병준 등은 1905년 11월에 치욕적인 을사보호조약을 맺었다.

이와 같이 큰 목적 아래 조직했던 진보회가 친일 단체와 병합되고 변질되어 매국적 행동을 감행함을 본 손병희는 격분하여 이용구 등을 견책도 하고 권고도 하였으나 듣지 않음으로 그는 이 회와의 손을 끊고, 1905년 12월 1일 자기가 영도하는 동학을 개명하여 천도교라 하여 정치 노선과 분리시켰다. 그리고 그 이듬해 즉, 1906년 1월 5일 귀국하여 이용구와 그 일당 60여 명의 일진회 간부들을 출교 처분했다. 그 후 그들은 따로이 시천교(侍天敎)를 창설했다. [2]

교명을 천도교라 하고 일본에서 귀국한 손병희는 제도의 대혁신을 단행하였다. 서울에 중앙 총부를 두고, 각 군에 교구(敎區)

---

2) 박우사 : 인물한국사 제 5 권 손병희 참조

를 설치하였으며, 자신이 친히 대도주(大道主)의 책임을 가져 천도교를 정비 강화하였다. 이에 따라 교세도 날로 번창하여 한 때는 교도의 수가 3백만에 이르렀다.

그러다가 김연국(金演局)에게 대도주의 자리를 전하였으나 김연국은 이용구 일파에 의하여 시작된 시천교(侍天敎)로 넘어감에 따라 도통(道統)을 다시 박인호(朴寅浩)에게 넘겨 주어 그가 천도교의 제 4 대 교주가 되었다.

손의암은 1919년 독립 선언 당시 33 인의 한 사람으로서 일경에 체포되어 감옥 생활을 하다가 그 이듬해 중병으로 보석 출감하여 치료를 받다가 1922년 5월 19일 별세하니 향년이 62 세였다.

그의 별세 후 천도교 안에는 대도주제(大道主制)를 주장하는 구파와 중의제(衆議制)를 주장하는 신파 사이에 충돌이 있다가 신도대회의 중재로 타협이 성립되었다.

오늘의 제도는 중의(衆議) 제도로서 선거에 의하여 밑에서부터 기구(機構)를 조직한다. 중앙 기관인 천도교 중앙청부에는 현기실(玄機室), 교령사(敎領司), 종의원(宗議院), 감사원(監査院) 등의 행정 기관이 있고, 연원회(淵源會)라는 것이 있다.

현기실은 연원회를 관리하며 자문 기관으로 있고 교령사는 대외적으로 교회를 대표하는 한편 모든 교무와 교화 사업을 맡아보며 종의원은 의결 기관이며 감사원은 회계 감사와 징계 처분 등에 관한 일을 본다.

지방 조직으로는 중앙총부 아래 각군에는 교구, 각면에는 전교실(傳敎室)이 있고 그 아래 부(部)가 있다. 최고 결의 기관으로는 전국 연차대회(年次大會)가 있고 지방에는 지방 연차교구대회가 있다. 그리고 중앙총부에는 재단법인체의 이사회가 있다.

2. 교의와 경전

(1) 경전

천도교에는 제 1 대 교주 최제우 선생에 의하여 씌어진 동경대전(東經大典)이라는 것이 있어 여기에 천도교의 교의가 단편적으로 나타나 있으나 이것은 그리 중요시 되지 않는다.

위에서 말한 바와 같이 천도교는 유교, 불교, 도교를 종합하여 이루어진 종교라 할 수 있다. 1대 교주 최제우는 "유교는 형식에 구애되어 오묘한 지경에 도달치 못하였고 불교는 적멸(寂滅)에 기울어져 윤리 도덕을 무시하는 경향이 있고 도교는 자연에만 취하여 치평(治平)의 기술을 가지지 못하였다"[3] 고 하여 유교의 도덕과 불교의 중생 제도의 이념과 도교에서의 명리(名利)를 초월하는 정신을 체득(體得)하여 신앙과 실행의 요체(要諦)로 삼았다.

(2) 교의 - 신관, 인간관, 구원관

천도교 교의의 핵심은 교조 최제우가 37 세에 고향 용담에서

---

3) 吉川文太郞著 : 朝鮮著宗敎, p 32

비상한 종교적 체험을 가진 후, 선도(宣道)를 하려 할 때 지은 주문에 요약되어 있다. 그 주문은 "지기금지, 원위대강, 시천주 조화정, 영세불망 만사지(至氣今至, 願爲大降, 侍天主 造化定, 永世不忘 萬事知)"라는 21 자이다. 이 주문을 간단히 풀이해 본다면 '지기'란 동양 철학 성리학(性理學)에서 논의되는 이기론(理氣論)에서 우주의 본체로 보는 '기(氣)'[4]를 말하는 것이다.

이 주문의 전반인 '지기금지 원위대강'은 신도의 발원문(發願文) - 기도요 기원이다. 즉 우주의 본체인 '지기'가 내게 임하여 내가 그것과 합일 되기를 희구하는 염원이다.

이 주문의 제2 부분은 한울님, 즉 천주를 내가 모실 때 우주 조화의 이법(理法)이 내 몸에 정(定)하게 되는데 다시 말하면 이룩되는데 이 진리를 염념(念念)하여 잊지 않으면 세상 만사를 다 통달할 수 있다는 뜻으로써 수도의 목표와 방향과 및 그 방법을 제시하는 것이다.

최제우는 이 주문에서 그의 우주관, 인생관 그리고 수도(修道)의 요체(要諦)를 전부 표시했다. 그는 이 주문에서 '지기'와 천주를 동일시하였는데 이것은 그가 우주의 본체로 보는 '지기'를 기독교에서 말하는 천주와 동일시하여 이것을 인격적으로 본 것이다. 그리하여 천도교는 유, 불, 선 세 종교뿐 아니라 기독교의 영

---

4) 이조 중엽 성종(成宗) 시대의 성리학자 서경덕은 우주의 본체를 태허(太虛)라 하였고, 이것을 '기'와 동일시했다. 최제우 역시 우주의 본체를 '기'로 보았다고 여겨진다(김득황 저, 한국 사상사 120, 228, 230면 참조).

향도 적지 않게 받았다 볼 것이다.

그의 사상의 핵심, 나아가서는 천도교의 근본 종지(宗旨)는 '시천주'라는 어귀에 집약되어 있다. 그는 이 '시천주(侍天主)', 즉 한울님을 내 안에 모신다는 사상에서 신인일체(神人一體)의 사상을 표시했다. 천도교의 제 3 대 교주 손병희는 이 '시천주'의 사상을 '인내천(人乃天)'으로 표시하여 사람이 곧 한울님이라고 했다. 최제우는 내가 곧 한울님이기 때문에 우리는 한울님을 찾기 위해 멀리 갈 필요가 없다 했다.

제 2 대 교주 최시형은 '시천주'를 '각천주(覺天主)'라 하여 자신 속에 천주를 모시고 있는 사실을 깨닫는 일의 중요성을 강조하였는데 이 깨달음을 중요시함은 불교적 사상이다.

따라서 천도교의 구원관은 사람이 자신의 본질, 즉 인내천의 뜻을 깨달아 그 본성을 회복하고 유지함으로 천인 합일의 목표를 달성하는 것이다. 그리하여 천도교의 수도(修道) - 신앙 생활의 목표는 시천주(천주를 내 속에 모심), 즉 천주와의 합일에 있다고 본 것이다. 실제 인간은 벌써 시천주를 한 존재이기 때문에 그는 천주와 동일한 존재인 '인내천'이라는 것이다.

이와 같이 천도교는 인내천 사상을 종지(宗旨)로 하기 때문에 인간을 다 평등하게 보며 이러한 관점에서 천도교는 사인여천(事人如天) - 사람을 섬기기를 한울님처럼 하여야 한다고 한다. 그의 이러한 인간관은 당시 엄격한 계급 사회에 있어서의 일대 혁신적 사상이 아닐 수 없다.

천도교의 사회적 이상은 지상 천국의 건설이다. 그 첫 단계로 보국안민(輔國安民)을 목표로 하며 동시에 이 세상에 덕을 펴서 (布德天下), 창생을 건지는 것(廣濟蒼生)을 지상 목표로 한다. 이렇게 될 때 이 땅 위에는 천국이 건설된다는 것이다. 그리하여 천도교는 통속적 불교와 기독교가 가진 내세관이 없는 현실주의적종교이다.

3. 종교적 행사

(1) 주문의 복송(伏誦)

모든 신도는 어느 때 어느 곳에서든지 '시천주 조화정, 영세불망 만사지'라는 주문을 외워야 한다.

(2) 신입 회원의 참회문(懺悔文)

그리고 새로이 입회하는 사람은 아래와 같은 참회문을 신(神) 앞에 고백했다.

> 성명 모(某)는 천지를 덮은 은혜와, 해와 달의 비춰는 덕을 힙입었으나 진리를 깨닫지 못하고 오랫동안 고해에 빠져 있었사온데 …… 이제 도를 깨달아 이전의 죄과를 참회하오며 일체의 선을 따르고 도를 잊지 않고 영원히 마음속에 간직하고 수련하고자 하오니 이 좋은 날 온갖 정성을 기울여 비오니 감응하소서.

그리고 일반 교도가 행하는 종교적 행사는 아래와 같다.

(가) **청수**(淸水)**를 모심** : 모든 신도는 매일 오후 9시에 온 가족이 둘러앉아 맑은 물 한 그릇을 상 위에 떠 놓고 '포덕천하 광제창생'의 기원을 올린다.

(나) **시일**(侍日) : 이는 매 일요일에 신도들이 교당에 모여 기도하고 설교를 듣는 것을 이름이다.

(다) **성미**(誠米) : 신도는 아침과 저녁에 자기의 식량에서 숟가락으로 얼마씩 떠 모았다가 이를 천사(天師)에게 바친다.

그 밖에 축절로서 1대 교주 수운 선생의 최초 영감(靈感)받은 날을 기념하는 4월 5일을 천일 기념일(天日記念日)로, 2대 교주 해월신사(海月神師)가 법통을 이어받은 8월 14일을 지일 기념일(地日記念日)로, 3대 교주 의암 선생이 법통을 이어받은 12월 24일을 인일 기념일(人日記念日)로 특별한 의식과 함께 지키고 있다.

4. 결 론

이제 천도교를 총평하여 보면 무엇보다 천도교의 제 1 대 교주의 인격과 신앙의 열정과 진리 탐구심과 순교적 정신은 높이 평가할 만하다. 그러나 결점과 과오가 있는 인간임에는 틀림없으니 일찍이 그는 종교를 창시하기 전 수도 중 생활비가 군색하여 그의 소유 토지 여섯 마지기를 일곱 명에게 중매(重賣)한 사실이 있었는데 이로 인하여 손해를 입은 사람 하나가 와서 항의하였는데 그가 항의자를 손으로 제지하였을 때 그 항의자는 돌연히 졸도하였다가 선생이 죄를 사한 후, 항의자가 다시 깨어났다는 사실이 [5] 전해지고 있다. 만일에 이것이 사실이라면 그가 높은 인격자는 맞을지 모르나 완전무결한 인물은 아닐 것이다.

그리고 종교 자체도 위에서 본 바와 같이 천도교는 유, 불, 선 세 종교에서 사단취장(捨短取長)하여 성립된 종교인 만큼 그가 비록 예나 이제나 듣지 못한 도라고 하였음에 불구하고 독특한 점이 없다고 할 것이다.

이 종교의 기본 종지인 인내천 사상도 유교 경전 중용(中庸)에 나타난 "하늘의 명한 바가 인간의 본성이다(天命之爲性)"라는 사상에서 유래되었다고 볼 수도 있으며 당시에 널리 전파되어 그가 많이 접촉한 기독교의 인간관, 즉 사람은 하나님의 형상에 의하여 창조되었다는 설의 영향을 받았다고 볼 것이다.

그러나 기독교의 인간관과 천도교의 그것은 근본적으로 다르다. 기독교가 사람이 하나님의 형상으로 지음을 받았다는 것은 인간은 다른 피조물 특히 동물과 달리, 인격성을 가졌다는 의미이지 사람이 곧 하나님이라고 보는 것은 아니며 인간은 어디까지나 피조물이지 하나님은 아니다. 천도교는 인간의 가치를 고조한 나머지, 실존적 인간 이상으로 인간을 평가하였다고 볼 수 있다.

그러나 유물 공산주의자들과 같이 인간을 단순히 물질의 집합체로 보는 인간관에 비하여 천도교는 인내천 사상으로 인간의 존

---

5) 조선흥문회간 : 조선 제 종교, p. 319.

엄성을 고조하는 동시에 인간 평등 사상을 강조한 점은 기독교의 인간관과 함께 높이 평가할 만한 점이다.

제 10 장
기독교(基督敎)

　기독교는 신도들이 하나님의 아들이며 인류의 구속주(救贖主)라고 믿는 예수 그리스도에 의하여 창설된 종교이다. 예수의 지상 활동은(본격적 공생애) 3년도 채 되지 않았으나 기독교는 전 세계 방방곡곡에 퍼져 있으며 오늘날 신도 수만 1998년도 통계로 19억 3000만여 명에 달하고 있어(29쪽 통계표 참조) 세계 최대의 종교로 우뚝 서 있다. 신도 수는 2004년 11월 9일 Web 사이트에 의하면 2001년도 중반기 현재로 2,024,929,000 명인데 그중 가톨릭이 1,070,547,000 명, 개신교가 346,650,000 명, 정교회가 216,247,000 명, 성공회가 80,717,000 명, 기타(독립)가 310,768,000 명으로 나타났다.
　이 종교의 발생지는 거의 모든 종교가 그러하듯이 역시 아시아이다. 그러나 전파된 것은 소아시아를 거쳐 서쪽 유럽이었으며 여기에서 다시 아메리카로 건너가서 이곳을 발판으로 하여 전 세계에 다시 선교되었다.

우리나라에도 천주교가 전래된 것은 훨씬 오래 전 프랑스 신부에 의해서 였으나 신교가 들어온 것은 19 세기 말(1885)이었던 것은 다 알려진 사실이다.

기독교는 유대교를 모체로 하고 있어 유대교의 경전을 대부분 그대로 기독교의 경전으로 받아 귀중히 여기고 있다. 따라서 신관, 세계관 등에 있어서도 유대교의 그것과 큰 차이가 없다. 그리고 유대교의 예언자들이 예언하고 일반 유대인들이 대망하던 메시야의 실현이 예수 그리스도에게서 성취되었다고 믿고 있는 것이다.

그리고 다른 어느 종교보다도 고상한 윤리적 교훈을 가졌으며, 무엇보다 창시자 예수의 숭고한 인격은 그 신도들에게 하나님과 동일시되고 있으며 그를 신봉치 않는 사람들 중에서도 그의 인격의 참 모습을 깊이 이해하는 자에게는 예수를 인간 가족의 최고봉에 추대될 인물로 인정하고 있는 것이다.[1]

1. 창설자 예수 그리스도의 생애

예수의 전기는 주로 신약 성경 첫머리에 있는 4복음서와 그 밖에 다른 몇몇 곳에 나타나 있다. 이에 의하면 그는 다윗 왕의 계

---

1) 레난, 예수전 참조

보에 속하며 처녀 마리아에게 성령으로 잉태되어 유대 땅 베들레헴의 어느 여인숙 마구간에서 탄생하였으며 일시 애굽에 망명하여 살았으며 추후에 갈릴리 나사렛으로 돌아가 유년기와 청년기를 보냈다.

그의 부모는 순박한 전형적 유대인으로서 예수가 탄생했을 때와 자랄 때에 유대 나라의 전통과 풍습을 정성스럽고 부지런히 따랐다고 기록되었다. 성경의 기록을 보면, 그는 어려서부터 "아기가 자라며 강하여지고 지혜가 충족하며 하나님의 은혜가 그 위에 있더라"(눅 2:40), "그 지혜와 그 키가 자라가며 하나님과 사람에게 더 사랑스러워 가시더라"(눅 2:52)고 하였으며 하나님께 대한 신앙심이 특출하였음을 나타내었다(눅 2:46).

과연 예수는 어릴적부터 지(智)·덕(德)·체(體) 모두 전인적(全人的)으로 온전히 성장하였다. 그의 후일의 교훈을 읽어 보면 그는 그 민족의 유산인 종교 교육, 특히 성경에 숙친하였음이 나타났다.

예수의 나이 30 세 되었을 때에 그는 공생애로써의 전도 사업을 시작하였다. 전도를 시작하기 전 그의 친척인 세례 요한에게 세례를 받았으며, 세례를 받음과 동시에 성령의 강림과 또 하늘로서 "이는 내 사랑하는 아들이요 내 기뻐하는 자라"는 음성을 들음으로 하나님과의 특수한 관계를 인식한 것으로 기록되었다. 그 후 그는 광야에 나가서 40 일간을 금식하였다.

그것은 당시의 일반 민중의 경제, 정치 문제의 해결보다 하나님 말씀으로 돌아가자는 운동을 일으키며 세속적인 영예와 권세의 획득보다도 하나님나라(천국)의 건설을 그의 목표로 할 것임을 깨달았다(마 4:1~11).

광야에서의 40 일이 지난 후 그는 거기서 돌아와 비로소 세례 요한의 외치던 "회개하라 천국이 가까웠느니라"(마 4:17)는 말로써 그의 공생애 3 년의 서막을 열었다.

그는 갈릴리와 유대를 활동 무대로 하여 도보로 다니면서 천국 복음을 선포하였다. 그는 복음의 선전과 함께 병자들을 기적적으로 고쳐 주었으며 때로는 오병이어(五餠二魚)의 기적으로 5000 명이나 넘는 허기진 사람들을 배불리 먹게 한 일도 있었다.

그리하여 많은 병자들, 배고픈 사람들이 그를 따라다녔다. 그러나 그의 목적은 이런 일들에 있지 않았고 가장 근본적인 문제 "그의 나라와 그의 의를 구하는"(마 6:33) 것에 있었다. 그러나 누가복음서를 읽으면 예수는 경제적으로 궁핍한 자와 육체적으로 부자유한 자와 계급적으로 불평등한 대우를 받는 자들에게 동정의 손길을 뻗치기에 인색치 않았던 것이 나타난다(눅 4:17~19, 6:20~26 참조).

그는 그의 교훈과 천국 운동이 유대의 지도 계급의 맹렬한 반대를 받아 마침내 순교의 쓴잔을 면할 수 없음을 예견하여 자신이 이 세상을 떠난 이후에라도 복음 사역의 계승자를 훈련할 필요를 느껴 열두 명의 제자를 선발하여 그들과 침식을 같이하면서 그들에게 자기의 소신(所信)과 함께 자신의 참 모습을 이해시키기에 힘썼다.

열두 제자의 이름은 베드로와 그 형제 안드레, 야고보와 요한,

빌립과 바돌로매, 도마와 세리 마태, 알패오의 아들 야고보와 다대오, 가나안인 시몬과 나중에 자기 선생 예수를 판 가룟인 유다였다.

비록 선견력이 뛰어난 예수에 의해서 선발되었음에도 불구하고 그들은 예수의 참 모습을 이해하고 그의 가르침을 깨닫는 데 있어서 일반 민중보다 결코 앞서지 못하였다. 예수의 가르침과 그의 활동은 처음에는 일반 민중과 지도자들에게 하등의 반대를 받음이 없었으나 날이 지남에 따라 그의 가르침은 당시 종교적 지도자들의 반감과 두려움을 일으켰으니 이는 그의 교훈에서 유대교의 전통에서 벗어나는 혁신적인 점을 발견하였으며 또 그들의 인습적, 의식적인 종교 생활에 공격의 화살을 던졌던 까닭이었다.

무엇보다도 그들의 고답적(高踏的)인 태도와 활력 없는 종교 생활에 염증을 느낀 민중은 신선하고 감동적인 예수의 교훈과 또 매력적인 그의 인격에 끌려 그를 따르고 환영하였기 때문에 자신들의 권위와 명성이 떨어져가는 것을 느꼈기 때문이었다.

그 결과 유대의 지도 계급은 예수를 무슨 모양으로든지 모함하여 그를 처치할 흉계를 모색(摸索)하기에 혈안(血眼)이 되었다. 그리하여 예수의 제자 중 하나인 가룟 사람 유다와 내통하여 그를 체포하여 유대의 총독 로마인 빌라도에게 인도(引渡)하여 불법적인 판결을 강요함으로써 마침내 당시에 중죄인만이 받는 십자가형에 처하였던 것이다.

그러나 그의 체포와 십자가형은 순전히 피동적인 것만은 아니었으니 그는 이것이 하나님의 성의(聖意)이며 이를 통하여서만 구세(救世)의 대업이 성취될 것을 확신하였기 때문에 그 고통을 감당한 것이었다(막 10:45, 14:24).

예수 십자가의 수난과 죽음은 그의 전생애를 통해 가장 감격적인 것이었으니 이것은 인류의 죄를 대속하는 유일한 길이었다. 그는 자신을 체포하고 모욕하며 십자가에 죽이는 그들을 향해 저주하는 대신 "아버지여 저희를 사하여 주옵소서 자기의 하는 것을 알지 못함이니이다"(눅 23:34)라고 말해 그의 숭고한 신적(神的)인 사랑과 용서심을 나타냈다.

그는 이와 같이 자기를 반대하는 사람들에 의하여 죽임을 당하였으며, 또 암석에 판 무덤에 깊이 장사되었으나 신약 성경 특히 4 복음서에 의하면 그는 무덤에 장사된 지 3 일만에 다시 살아났으며 그를 따르던 제자들에게 여러 차례 나타나 보였다고 기록되었으며, 이러한 그들의 확신은 기운을 잃고 실망하여 흩어졌던 그들에게 용기와 희망을 회복시켜 주었으며 모든 박해와 난관과 죽음을 무릅쓰고 예수의 부활의 사실과 회개의 복음을 선포하게 만들었던 것이다.

2. 예수 그리스도의 인격

위에서 우리는 예수의 생애를 간단히 살펴보았다. 그렇다면 그는 어떤 인물이었는가? 우리는 여기에서 그의 인격을 살펴보고자 한다.

4 복음서를 보면 첫째 그는 역사적 인물임에 틀림없다. 이것은

기원후 1세기에 생존한 유대 역사가 요세푸스에 의하여도 그 역사성이 증명되었다. 그는 초자연적인 방법인 성령에 의해 마리아의 몸에서 출생하였으며 성장하였으며 침식(寢食)하였으며 희로애락의 정을 가졌으며 모든 일에 우리와 같이 시험과 유혹을 당하였으며 고난에 직면하여 피하려 하였으며 신의 도움을 빌었으며 기도하였다. 그는 하나님이셨으나 동시에 사람으로 태어나서 사람들이 겪는 모든 인생사를 몸소 체휼하셨다.

그러나 그의 이러한 인간성과는 달리 인간성을 초월하는 면이 있었음을 부인할 수 없다. 무엇보다 그는 그가 섬기는 하나님과의 특수한 관계를 인식하였던 것이다. 그의 12 세 소년 시절에 예루살렘 성전에서 그의 부모와의 대화에서 "내가 내 아버지 집에 있어야 될 줄을 알지 못하셨나이까"(눅 2:49) 한 말과 "내 아버지께서 모든 것을 내게 주셨으니 아버지 외에는 아들을 아는 자가 없고 아들 외에는 아버지를 아는 자가 없느니라"(마 11:27)는 말 등에서 하나님과의 독특한 관계를 밝히었다.

그리고 자신이 바로 유대인이 대망하는 메시야임과 무엇보다 자신의 죽음이 세상 만민의 죄악을 대속하기 위함이라는 것을 누차 그의 제자들에게 공언하였던 것이다. 그리고 그는 세상 만민을 그들의 행위에 따라 판결할 심판주임을 선언하였다(마 25:31 이하 참조).

4 복음서 중에도 요한복음은 첫 세 복음서(이를 공관복음이라 함)와 그 기술(記述) 방법과 내용이 다르다 하더라도 이것은 첫 세 복음서가 강조하지 않은 예수 그리스도의 내면 생활에 대한

깊은 이해 아래 쓴 복음서라고 볼 때 이 복음서는 예수 그리스도와 하나님과의 독특한 관계를 가장 뚜렷이 그리고 솔직히 나타내는 문헌이라고 볼 수 있다.

이 복음서를 읽어 보면, 예수 그리스도는 자신이 하나님과 일체임을 추호의 거리낌없이 고백하였으며(요 14:9~10) 그의 제자들도 또한 그렇게 믿었다.

그의 신격(神格)으로서의 자의식(自意識)은 순결성, 무죄성으로 내증(內證)된다고 볼 수 있다. 4 복음서는 한결같이 그의 무죄성을 입증하고 있으며 그를 정죄하여 사형에 처하려고 혈안이 되었던 유대의 종교적 지도자들도 그가 하나님의 아들이라는 것밖에는 다른 죄책을 발견치 못하였던 것이다.

그리하여 예수 그리스도를 진정으로 이해한 사람들은 한결같이 그는 가장 선한 하나님의 대표자와 인간의 전형(典型)이라고 확신하였다.

3. 기독교의 창립과 발전

(1) 초대 교회(A.D. 30~50)

기독교는 예수 그리스도에 의하여 세워졌으나 그것이 한 교단으로 유대교와 분립되어 발생된 것은 그들이 믿은 대로 예수가 승천한 이후 약속대로 오순절이라는 절기에 성령을 받은 이후였다. 그들은 부활하신 예수가 그들과 함께계시다는 의식이 그들에게 용기와 모든 박해를 극복할 수 있는 힘을 주었다.

그들은 부활의 예수가 인류의 구주가 되시며(행 4:12 참조) 사람을 "어두움에서 빛으로, 사탄의 권세에서 하나님께로 돌아가게 하고 죄사함"(행 26:18)을 주는 능력의 원천으로 믿어 예수를 열심히 전하였다. 그 결과로 그 신도 수가 예루살렘을 비롯하여 수리아 수도 다메섹과 안디옥과 그 밖에 여러 지방에 불길같이 일어났다.

(2) 사도 바울의 회개와 그의 활동(A.D. 50~65)

유대의 종교적 지도자들이 예수를 시기하여 그를 체포하고 사형한 것과 같이 그의 신도들 역시 강력히 박해하였다. 이 박해자 중에는 학식이 뛰어나며 유대교에 열성인 사울이라는 청년이 있었다. 그는 스데반을 돌로 쳐 죽일 때에도 박해자들과 동조(同調)한 사람이였다.

그러나 그가 대제사장의 공문을 받아 예수의 제자들을 예루살렘으로 잡아 오려고 수리아 수도 다메섹으로 가던 도중 홀연히 공중에서 그가 핍박하던 예수가 휘황한 빛 가운데 나타나 "사울아, 사울아 네가 어찌하여 나를 핍박하느냐"(행 9:4) 하는 책망과 함께 예수가 자신을 이방에 복음 전도자로 택하였음을 알려 주었다.

이러한 신비한 환상 체험과 함께 그의 마음은 180도로 변화되어 이전에 박해했던 예수를 전하는 대전도자가 되었다. 그는 개종 이후에 사울(크다는 뜻)이란 이름을 바울(작다는 뜻)로 개명하였다.

 개종 이후 그는 3차에 걸쳐 소아시아와 유럽 각지에 예수의 복음을 전파하여 여러 곳에 교회를 세웠다.

 사도행전을 보면 그는 제 3 차 전도 여행을 마치고 예루살렘에 올라갔다가 그의 반대자들에 의하여 구속되었으나 로마 황제에게 상소할 것을 제청하였으므로 로마에까지 호송되었는데, 그곳에서는 가벼운 감금 상태에 있었으므로 거리낌없이 복음을 전할 수 있었다.

 전도 여행 혹은 수감 중에 총 13편의 서신을 교회와 성도들에게 보내었는데 이 서신들은 그의 인격, 신앙, 신학 사상을 엿보기에 충분할 뿐 아니라 특히 기독교의 구원관을 뚜렷이 나타냈다.

 그의 서신에 나타난 사도 바울의 깊은 종교적 경험은 후세인들에게 기독교를 이해함에 적지 않은 도움을 주고 있으며 그의 전도 활동은 기독교를 세계적 종교로 확장시키는 데 큰 공헌을 하였다.

(3) 신약 성경의 편찬(A.D. 65~90)

 기독교의 발전 과정에 있어서 가장 중요한 사건은 신약 성경의 발생이다. 우리는 구약 성경을 기독교의 경전으로 중요시하나 이보다도 기독교의 창시자 예수의 생애와 사업과 교훈과 또는 그의 제자들의 전도 활동과 그들의 사상과 기독교의 중요 진리를 알려함에 있어서 신약 성경은 매우 중요하다.

 초대 신도들은 신약 성경을 구약과 함께 그들의 예배 시에 썼는데 신약 성경의 각 책은 한 사람이 한 때에 기록한 것이 아니요 기원후 65~90년 사이에 여러 사람이 여러 가지 목적 아래 썼다.

(4) 기독교의 박해 시대(A.D. 150~325)

기독교는 처음부터 박해를 면할 수 없었다. 기독교의 창설자 예수의 수난과 그의 제자들이 받은 박해는 이미 살펴보았다. 그러나 가장 극심한 박해는 기원후 60년경 네로 황제에 의한 것이었다.

그럼에도 불구하고 기독교는 꾸준히 발전해 오다가 마침내는 기원후 325년경 콘스탄티 대제의 개종으로 박해는 그치고 기독교가 로마 제국의 국교로 인정되었다. 이때부터 십자가는 기독교의 표호가 되었다.

콘스탄티 대제 때(A.D. 325)로부터 1054년까지 기독교는 유럽 전역을 통하여 전파되었으며 수도원 제도가 생겼으며 신학자들 간에 기독론, 즉 예수 그리스도의 품성에 대한 논쟁이 벌어졌다.

(5) 교황 전권 시대(A.D. 590~1517)

이 시기를 가리켜 중세기라고 일컫는데 이 시기의 특색은 교황의 세력 팽창이었다. 교황은 유럽 여러 나라의 제왕에 대한 지배권까지 가지고 있었다. 이에 따라 교회 내에서 여러 가지 폐단도 없지 않았다.

반면 당시 북방 야인들의 내습으로 인한 파괴 행동에서 희랍, 로마의 문화를 보존(주로 수도원에서)하는 역할도 없지 않았으며, 기독교에 의한 박애 사업과 교육 문화의 발전에 커다란 공헌을 하였음도 부인할 수 없다.

(6) 종교 개혁 시대(A.D. 1517~1648)

교황의 전권과 교회의 부패는 유럽 전역에서의 종교 개혁 운동을 일으켰다. 영국에서는 위클리프(John Wyclif, A.D. 1329~1384)와 보헤미야의 요한 후스(John Huss, A.D. 1369~1415)와 특히 도이취의 마틴 루터(Martine Luther, A.D. 1483~1546)와 스위스의 쯔빙글리(Huldreich Zwingli, A.D. 1484~1531)와 프랑스의 칼빈(John Calvin, A.D. 1509~1564) 등이 가톨릭교에 반기를 들었다.

그중에도 루터가 작선안할트(Sachsen-Anhalt) 주의 도시 비텐베르크(Wittenberg) 성당 정문에 붙인 95 개조 선포문은 교황의 권위와 가톨릭의 권위에 대한 정면의 도전이었다. 이로 인하여 유럽의 여러 나라는 가톨릭 세력권과 신교 세력권으로 양분되어 1948년 웨스트 팔리아 회의에서 가톨릭교와 신교 사이에 세력 범위를 결정짓기에 이르렀다.

종교 개혁 이후 가톨릭교와 신교와는 다 같이 선교에 주력하였다. 그 결과 기독교는 전 세계 각국에 널리 선포되어 최근 발표에 의하면 현재 전 세계 기독교의 신도 수는 19억 3000만인데 그중에 구교 신도가 12억 6300만(정교회 포함)이고 신교 신도가 6

억 6700만이다(1993년 통계).

(7) 교파의 분립과 연합 운동

루터의 종교 개혁과 함께 신교는 신앙의 권위를 성경에 두어 신앙의 자유를 누리게 되었으나 이로 인하여 무수한 교파의 분립이 생기게 되었다.

이에 따라 루터의 운동도 여러 파로 갈리었고, 영국에서는 종교적 동기에서보다 정치적 이유 아래서 가톨릭교와 갈라져 영국 국교회(성공회)를 설립하였고 거기서 또다시 18세기 초에 메도디스트리회(감리회)가 웨슬리 형제에 의하여 생겼으며, 그 밖에 회중교가 생겼고, 칼빈으로부터 장로 교회와 개혁 교회가 생겼고 침례(浸禮)를 주장하는 침례교 등이 생겨 오늘날 전 세계를 통하여 수백을 헤아리는 교파가 생겼다.

한때 이렇게 분파되었던 개신교는 오늘에 와서는 협동 내지 합동의 방향으로 나가고 있으며 교단 합동이 아직 불가능하다 하여도 그 사업에 있어서 연합 전선을 벌이고 있는 실정이다. 그 연합 운동은 1908년 미국 내에서 33개의 대교파가 미국 기독교 연합회를 조직함으로 시작되었으며 이것이 1950년에는 기독교 연합회로 발전되어 연합 사업을 추진하고 있다.

교회 연합 운동으로 특기할 만한 것은 과거 20년 동안에 모인 세계적인 회합인데(이전에도 여러 차례 있었으나 생략함) 1907년에 영국 옥스퍼드에 모인 선교 회의, 1910년에 에든버러에서 모인 세계 선교 회의, 1925년의 스톡홀름회의, 1927년의 로잔느 회의,

1928년의 예루살렘 회의, 1938년의 인도 마드라스 회의 등이며 그 후 1948년까지의 WCC, 즉 세계교회협의회(World Council of Churches)가 조직되기까지 수다한 초교파적 집회가 모였으며, 1948년에 이르러 화란 암스테르담에서 비로소 WCC의 제1차 회의가 소집되었다. 1954년 8월에는 미국 일리노이 주의 반스톤에서 제2차 WCC 대회가 열리어 48개국에서 161개 교단이 참석했었다. 이 협의회에 가입 자격은 오직 한 가지 즉, "예수 그리스도를 하나님과 구주로 받아들이는 것"뿐이다. 이 회의 후에 1961년 인도 뉴델리에서 제3차 WCC 대회가 열렸다.

한국에서는 한국기독교교회협의회(KNCC)가 WCC와 같은 연합 기관으로 활동하고 있으나 그 밖에도 NAE(복음주의자연맹)라는 보수 집단이 WCC 계통의 연합 운동과 맞서고 있어 연합 운동의 불협화음을 일으키기도 했다. 그러나 1981년에는 한국장로교연합회(한장연)가 발족되어 26개 교단이 가입되었고, 1989년에는 한국기독교총연합회(CCK, 한기총)가 발족되어 2004년도 현재로 62개 교단이 가입하여 다양하게 연합 운동을 전개하고 있다.

가톨릭 교회는 교황 23세의 과감한 정책에 의하여 자기 반성과 함께 종교 개혁 이후 가지고 있던 신교에 대한 적대적 태도를 지양하고 우호적인 태도를 보일 뿐 아니라 가톨릭교의 공의회에 신교파의 '옵서버'들을 초청하였고, 교황 23세의 서거후 바오르 6세도 그의 정책을 답습하여 신교와의 접근을 꾀하고 있다.

4. 기독교의 중요 교의(教義)

(1) 기독교 교리

모든 점에서 기독교 교리의 시작은 유대교였다. 그러나 기독교는 여기에 그치지 않고 모든 점에서 유대교보다 월등하게 발전하여 왔다. 기독교의 창설자인 예수는 산상 설교(마 5-7장)에서 유대교가 가장 존숭하는 모세의 계율보다 차원이 보다 우월한 교훈을 주었다. 그리고 그의 종교의 핵심으로 사랑을 말하였으니 요컨대 유대교가 율법의 종교라면 기독교는 사랑의 종교라 할 것이다(마 22:34~40). 그리고 기독교는 그 교리의 근원을 그 경전인 신약과 구약에서 찾는다. 이제 우리는 먼저 기독교의 성경관을 살펴보자.

(가) 성경관

기독교인들은 성경을 하나님의 말씀으로 믿는다. 성경은 인간의 의지대로 임의로 쓴 것이 아니라 하나님의 선택한 기록자들로 하여금 하나님의 영감(靈感)에 의하여 기록되었다. 이런 의미에서 성경은 계시(啓示)의 글이다. 인격적인 신이 그의 사상, 의지, 계획 그리고 무엇보다 그 자신을 영감을 통하여 인간에게 전달하신 것을 선택받은 인간이 붓을 들어 기록한 것이 곧 성경이란 말이다. 그러므로 사도 바울은 "모든 성경은 하나님의 감동으로 된 것"(딤후 3:16)이라 하였고 사도 베드로는 "예언(성경)은 언제든지 사람의 뜻으로 낸 것이 아니요 오직 성령의 감동하심을 입은 사람들이 하나님께 받아 말한 것임이니라"(벧후 1:21)고 하였다.

성경에는 여러 가지 형태의 문학이 들어 있다. 역사, 전기, 시가(詩歌), 훈화, 서신 등이다. 그러나 이 모든 형식의 문헌은 한결같이 종교적 목적, 즉 하나님의 실재와 그의 인간에게 대한 목적과 의도와 사랑과 행동을 나타내고 있다.

성경은 종교적 목적을 가진 이외에 인생의 가장 좋은 교육서이다. 그래서 사도 바울은 또 "모든 성경은 …… 교훈과 책망과 바르게 함과 의로 교육하기에 유익하니 이는 하나님의 사람으로 온전케 하며 모든 선한 일을 행하기에 온전케 하려 함이니라"(딤후 3:16~17)고 하였다.

성경은 하나님의 감동에 의하여 쓰여진 것인 만큼 이것을 읽는 사람도 역시 감동을 받으며 인격과 생활의 커다란 변화를 받을 수 있는 것이다. 우리가 알고 있는 바와 같이 탕아(蕩兒) 어거스틴은 성경말씀(롬 13:11~14)에 의하여 180도로 변화되어 성자(聖者)가 되었다.

(나) 예수 그리스도

기독교의 중심은 예수 그리스도이다. 기독교가 그리스도를 중심으로 삼는 이유는 기독교인은 그리스도를 통하여 나타난 하나님을 믿으며 그리스도는 하나님의 가장 완전한 현현자(顯現者)이며 한걸음 더 나아가서는 그리스도는 곧 하나님이라고 믿는 까닭이다.

그리고 인간이 하나님께 접촉하는 것도 오직 그리스도라는 중보자(仲保者)에 의하여서만 가능하다고 믿는 것이다. 이 그리스도는 천지 창조 전에 하나님과 함께 있어서 창조의 역사를 이루었다고 믿는다(요 1장 참조).

이 그리스도는 죄로 타락된 인류의 구원을 위하여 2000여 년 전에 인간의 몸을 입고 탄생하였으며 인간의 죄를 속하기 위하여 십자가에 달려 돌아가셨으며 하나님의 능력으로 부활, 승천하여 하나님의 우편에 앉아 계시며 성령으로 인간 심령 속에서 회개와 중생의 사역을 하고 계시고 역사의 종말에 전 인류의 심판자로 임할 것을 믿는다(마 25:31~46).

(다) 하나님

예수 그리스도께서 가르치신 하나님은 어떤 분인가? 예수는 유대교의 신관을 그대로 받아들였다. 하나님은 형상이 없는 영이시나 인격적 존재자로 믿어 그와 대화하였고 그에게 기도하였으며 그의 뜻에 의해 행동하였다.

예수는 하나님을 천지의 주재(마 11:25)이시며 자연계의 섭리자요 인간 생활의 주관자이며 보호자로 보았다(마 6:25 이하). 그는 하나님을 인류의 아버지로 보았으며 예수 자신의 아버지로 불렀다(마 11:25).

(라) 성령

기독교는 삼위일체(三位一體)의 신관을 갖는다. 자칫 잘못하면 이것은 다신 사상으로 오해되기 쉽다. 그러나 기독교는 어디까지나 유일신의 종교이므로 다만 한 하나님을 믿을 뿐이며 삼위일체의 도리에 대하여는 그것이 차원이 다른 영적인 일이니만큼 인간 지성의 만족을 줄 수 있는 해답을 얻을 수는 없을 것이다.

기독교는 계시의 종교이므로 삼위일체의 도리는 하나님의 계시에 의한 인간 심령 속에서의 체험의 표현이라고 생각할 뿐 그 이상은 더 설명할 수 없을 것이다. 그리하여 기독교인들은 성부이신 하나님, 성자이신 하나님, 성령이신 하나님을 믿는 것이다.

성령은 그리스도의 부활 승천 후 그리스도의 영으로 인간 심령 속에 오시어 그리스도를 이해하게 하며 죄를 깨닫고 회개하게 하며, 거듭나게 하며, 성화(聖化)시키는 역할을 하는 것이다. 그리고 교회라는 신도들의 단체 안에서 교회의 유지와 발전과 사명의 수행을 고취, 지도, 완성케 하여 예수 그리스도의 교회의 목적 달성을 위해 역사하는 신으로 믿는다.

그리하여 성령은 인간의 도덕적 갱신과 인격 향상의 원동력이 되는 것이다. 외국 선교의 제1인자인 사도 바울은 인간 심령 속의 갖가지 선—사랑, 기쁨, 평화, 인내, 자비, 양선, 충성, 온유, 절제 등은 다 마음속에 성령의 격려로 인한 결실임을 강조했다(갈 5:22~23).

성령은 또한 인간을 진리로 인도하며 죄에서의 자유를 부여한다는 것이다. 많은 그리스도인들은 처음에는 진리를 모르고 자신이 원하는 대로 살다가 어느 시기에 목사의 설교나, 성경의 교훈 등에 감동되어 지난날의 자신의 그릇된 생활을 뉘우치고 새 생활의 길로 나간 사람들이다. 이런 변화들이 성령의 감화에 의함이라 보는 것이다.

(마) 인간관, 구원관

성경에 의하면 사람은 원래 하나님의 형상대로 창조되었다. 하나님의 형상이라 함은 그의 인격성(人格性)을 의미함이다. 이런 의미에서 사람은 하나님의 자녀이며 사람은 다 형제, 자매라고 믿는다(마 23:8).

이렇게 인간은 원래 하나님의 형상대로 지음받았으나 그는 하나님의 명령을 믿지 않고 불순종함으로 범죄자가 되었다. 그러므로 사람은 그 지은 죄에 해당한 값을 치르지 않으면 안 된다.

성경은 '죄의 값은 사망'(롬 6:23)이라고 한다. 사람이 죄로 말미암아 죽을 것을 면케 하여 주시기 위해 그의 아들 예수 그리스도를 보내시어 그로 인류의 죄와 벌을 대속하기 위해 십자가 형틀에서 죽게 하셨다. 죄인 된 인간은 누구나 이 사실을 믿고 자기 죄를 회개하면 사죄함을 받고 범죄함으로 하나님과 원수 되었던 인간은 다시 하나님과의 화해가 성립되어 하나님의 자녀로서의 처음 자리로 회복한다고 믿고 있다. 이것이 기독교의 구원관이다.

그러므로 기독교의 구원은 죄에서의 구원이며 죄가 모든 비극의 원인이라 보며 마귀는 죄의 씨를 인간 심령 속에 심어 주어 인간으로 신에 반역하게 하는 존재라 본다.

(바) 교회관

기독교의 사도신경에 '거룩한 공회'를 믿는다는 조항이 있다. 거룩한 공회라는 것은 공교회-Catholic Church를 말함인데 이것은 로마 천주교를 말함이 아니요 세계적, 우주적(Universal) 교회를 말함이다.

그러므로 이러한 교회는 예수 그리스도를 구주로 신봉하는 전 세계에 널리 퍼져 있는 모든 교회들을 다 포함해서 말하는 것이다. 여기에는 크게 신교와 구교는 물론, 인종, 국적의 구분을 두지 않는다.

그러면 이 교회의 창설자는 누구인가?

우리는 예수 그리스도를 기독교의 교조로 추대하나 그가 일찍이 교회라는 조직체를 설립한 일은 없다.

복음서에 '교회'라는 단어가 두 곳에 있으나 이것이 예수 당시에 실재하였던 것으로는 나타나 있지 않으며 초대 교회의 발생과 발전을 서술한 사도행전에 비로소 교회의 실재가 인정되었다(행 5:11, 8:1, 11:26, 14:23, 15:3, 4, 22).

교회란 무엇인가? 여기에 대하여도 오늘의 신학자들이 정의하는 식으로 정의된 것이 성경에 나타나 있지 않으나 초대 교회의 가장 유력한 전도자요 또 기독교 교의를 가장 잘 풀이한 사도 바울의 서신을 종합하여 정의해 본다면, '교회는 그리스도를 머리로 하고 그에 의하여 구속을 받아 하나님과 화해가 이룩된 성도들이 그 지체가 되는 그리스도의 몸'이라고 할 것이다(엡 2, 3, 4

장, 골 1:13 이하, 고전 12장 참조).

사도 바울은 이상과 같이 교회를 한 유기적인 생명체에 비하였다. 그러므로 전 세계에 널리 있는 모든 교회는 다 한 그리스도 아래 있는 한 몸인 것이다. "너희는 그리스도의 몸이요 지체의 각 부분이라"(고전 12:27)고 하였다.

교회의 직능과 목적은 무엇인가? 이것은 논리상으로 물론 머리 된 그리스도의 목적과 그의 하던 일을 이어받아 그것을 완수함일 것이다.

그는 그의 제자들에게 "인자가 온 것은 섬김을 받으려 함이 아니라 도리어 섬기려 하고 자기 목숨을 많은 사람의 대속물로 주려함이니라"(마 20:28) 하였는데 여기에서 예수의 온 목적과 사명이 뚜렷이 나타났다. 그는 섬기려 하고, 자기 목숨을 많은 사람의 대속물로 주려고 세상에 왔다는 것이다. 그러므로 교회의 할 큰 목적과 사명은 세상을 섬기는 일과 구원의 도, 즉 복음의 선포이다.

교회가 생긴 이후 모든 교회는 계속 이 두 가지 일을 해왔다. 이것은 교회가 대외적으로 할 일이며, 대내적으로는 하나님께 대한 예배와 성도의 교제가 교회의 큰 목적이 되는 것이다. 이러한 모든 교회의 대내외적인 사명 수행의 대목적은 무엇인가? 이는 주기도문(마 6:9~13)에 나타난 대로 '하나님나라의 임함'과 '뜻이 하늘에서 이룬 것같이 땅에서도 이루어지게 함'인 것이다. 다시 말하면 하나님의 뜻이 성취되는 하나님의 나라를 이 땅 위에 실현시키려는 것이다.

이 교회에 가입은 세례 혹은 영세(領洗)에 의한다. 세례는 침례(浸禮)나 혹은 물을 머리에 뿌림으로 베푸는 교회의 의식으로 교회에 가입하려는 자가 예수 그리스도가 자신의 구주되심을 믿는 신앙을 고백하면 세례식과 함께 교회원으로서의 자격을 부여하는 표이다.

(사) 천국관

 예수 그리스도는 천국의 건설을 위하여 성육신하였다고 기독인들은 믿는다. 천국은 여러 가지로 해석할 수 있으나 하나님의 뜻과 주권으로 통치되는 인간의 심령을 비롯한 모든 영역을 가리킨다. 이런 의미에서 천국은 심령적 실재이니 예수는 "하나님의 나라는 너희 안에 있느니라"(눅 17:21) 하였으며 사도 바울은 "하나님의 나라는 먹는 것과 마시는 것이 아니요 오직 성령 안에서 의와 평강과 희락이라"(롬 14:17)고 하였다.

 그러므로 천국은 현실적인 실재이다. 그러나 천국의 완성은 불완전한 현실에서는 실현될 수 없다. 기독교는 내세(來世)를 인정한다. 신약 성경의 요한계시록은 모든 악이 제거되고 인간의 고통, 슬픔, 죽음이 없는 새 하늘과 새 땅을 묘사하였는데(계 21:1~8) 이것은 이상적 사회 즉, 천국의 모습을 나타낸 것이다.

 그러나 천국은 다만 심령적인 것만은 아니며 주기도문에 나타난 대로 하나님의 뜻이 이루어진 땅이라면, 세상의 사회도 역시 천국이다.

(아) 윤리관

　기독교는 어떤 윤리관을 가졌는가? 기독교 윤리의 산 표준은 그리스도의 인격과 생활과 교훈이다. 그는 그가 하나님의 뜻이라고 믿는 그 일에 절대 순종을 그의 생의 최고 목표로 삼았다.
　그에게 있어서 하나님의 뜻이란 곧 죄로 하나님을 떠난 인간을 구원하려는 하나님의 사랑을 실천하는 것이다. 이것은 그의 십자가의 희생으로 나타났다. 여기에서 그는 그를 '율법과 선지자의 대강령'이라고 말한 하나님께 대한 사랑과 사람에게 대한 사랑을 완전히 드러냈다.
　기독교 윤리는 삼각 관계를 가진다. 일반 윤리는 평행적 윤리 즉, 사람 대 사람의 관계의 규정이지만 기독교 윤리는 하나님 대 사람, 사람 대 사람의 관계의 규정이다.
　기독교 윤리의 또 한 가지 특색은 행동의 선악을 판단함에 있어서 외면적인 행동보다도 내면적 동기를 중시하는 것이다. 가령 음행 문제에 있어서 비록 간음을 하지 않았어도 음심을 품었으면 그는 벌써 간음자라고 예수는 규정지었다(마 5:27~28).
　그리고 예수의 윤리는 시대와 장소를 초월한 영원성을 가진 것이 그 특징이다. 그래서 적어도 예수의 윤리훈에 있어서는 오늘날 유행하고 있는 상황 윤리라는 개념이 적용될 수 없다.

　이제 예수의 윤리 사상을 간추려 보기로 한다.
　① 그는 인간 생명을 존중히 여겼다. "사람이 만일 온 천하를

얻고도 제 목숨을 잃으면 무엇이 유익하리요 사람이 무엇을 주고 제 목숨을 바꾸겠느냐"(마 16:26) 하였다.
② 그는 사랑을 인간 행동의 최고 준칙으로 삼았다(마 22:37~39). 심지어 원수까지 사랑하라고 했다(마 5:44~47).
③ "남에게 대접을 받고자 하는 대로 너희도 남을 대접하라"는 인간 행동의 대헌장을 주었다(마 7:12).
④ 그는 무제한의 용서와 화해를 권하였다(마 5:24, 6:12, 14, 15, 18:21~22).
⑤ 그는 인간 평등 사상을 강조했다(마 23:8).
⑥ 그는 실천을 중시했다(마 7:21).
⑦ 그는 "누구든지 자기를 낮추는 자는 높아지리라"(마 23:12)고 말하며 모든 덕 중에 겸손의 덕을 강조하였다.

5. 결 론

위에서 우리는 기독교의 개략을 보았다. 이제 세계종교에 있어서의 기독교의 위치를 살펴본다면 기독교는 무엇보다 그 수에 있어서 최고 위치를 차지하고 있다. 현재 전 세계를 통하여 이 신도의 수는 20억 [2]에 달하고 있다. 이것은 무엇을 말하는 것인가? 이는 기독교가 다른 어느 종교보다도 인간의 참된 요구에 대하여

---

2) 대영백과사전(*Britannica*), 1998년도 기준 19억 3000만에 통계되었으니 지금은 20억 이상으로 추산됨.

만족을 주는 종교이기 때문이다.

그리고 기독교는 가장 만족한 신관을 가지고 있다. 예수 그리스도에 의하여 나타난 신은 인간이 사유(思惟)할 수 있는 최고의 실재자이고 인간의 지성과 정서의 만족을 주며 인격 향상의 최고의 목표가 되기에 부족함이 없다.

하나님은 인류를 한없이 넓고 큰 사랑으로 이끄시며 죄악으로 더러워지고 타락된 인간의 구원과 속죄를 위하여 성자 예수 그리스도를 인간 세상에 내려 보내시어 희생제물이 되게 하신 사랑의 아버지시다.

그러나 이러한 사랑의 하나님을 어떻게 알 수 있는가? 이는 그의 완전한 계시자 예수 그리스도의 생활과 교훈과 인격에 의하여 알 수 있다. 우리는 예수 그리스도의 생활과 인격을 볼 때 그에게서 초라한 인간들의 모습 위에 높이 뛰어난 초인간적인 신적(神的) 모습을 엿보기에 부족함이 없다. 그리하여 우리는 인도의 선교사로 다년간 사역한 스탠리 존스 박사의 말과 같이 "만일에 신이 있다면 그는 그리스도와 같은 분일 것이다"라고 말할 수 있는 것이다.

그리하여 기독교의 신은 그리스도에 의하여 나타난 신이기에 그 이상도 그 이하도 아닌 것이다. 즉 우리의 믿는 신은 그리스도와 같은 신인 것이다.

그리하여 시간과 공간을 초월하신 하나님이 인간의 구원을 위하여 인류 역사에 뚫고 들어오시어 인간이 되셨다는 것은 기독교의 독특한 점이며 여기에서 우리는 하나님과 인간과의 친밀성을 발견할 수 있으며 사람은 피조물이며 하나님은 창조주라 할지라도 그 둘 사이에 유사성과 공통성을 발견하는 것이다.

따라서 우리는 예수님이 "하늘에 계신 너희 아버지의 온전하심과 같이 너희도 온전하라"(마 5:48) 하신 말씀과 같이 하나님의 완전을 목표하고 나갈 수 있는 것이다. 이것은 인류의 영원한 소망이며 목표이며 이상인 것이다.

기독교는 또한 가장 우수한 경전을 가지고 있으니 이 경전이 그의 신도들에게 주는 영감과 감화력은 위대하다. 예로부터 얼마나 많은 사람들이 이 말씀에서 가장 건전한 인생관, 세계관을 얻었으며 이 말씀의 감화에 의하여 새로운 인간이 되었는지 알 수 없다.

이 말씀은 문자 그대로 인간의 최고의 정신적, 영적 양식인 것이다. 그리하여 세계에 그 숱한 서적 중에 이 책은 가장 많은 사람들에 의하여 애독되고 있으며 전 세계를 통하여 오늘날(2004년도 기준) 2,355 개 방언으로 번역되어 읽혀지고 있으며 2002년도 한 해 동안의 반포된 부수만도 5억 8천 800만 부 이상이 되고 있는 것이다. [3]

기독교는 또한 가장 만족한 인간관을 가지고 있다. 힌두교는 극단의 계급제도를 갖고 있어 각 계급의 사람은 본질적으로 차별이 있다고 생각하는 것이다.

그러나 기독교는 인종이나 국적을 막론하고 사람은 다 같은 하

---

3) 대한성서공회 홍보부에 의한 집계 보고(2004. 8월)

나님의 자녀로서 평등하며 그리스도의 구속의 대상이 된다.

하나님이 그 해를 악인과 선인에게 골고루 비춰게 하시며 비를 의로운 자와 불의한 자에게 내리우신다고 예수님께서는 말씀하셨다(마 5:45). 그래서 우리는 창조주 하나님을 자비로운 아버지로 추대하고 그의 아들 예수 그리스도를 속죄주로 믿고 그를 따르며 가장 우수한 정신적 양식이 되는 경전을 소유하고 있으며 가장 만족한 인간관, 세계관을 제공하는 기독교는 인간의 감정과 이성과 의지에 만족을 주는 참된 종교라 칭하기에 주저치 않는 것이다.

◆ 기독교에서 파생된 이단 종파

1. 이단 종파란?

자칭 성경과 그리스도에 의하여 인정받은 단체라고 주장하고 있으나 성경과 구세주의 중심 교훈인 복음을 등한시하거나 자기 중심적으로 해석함으로써 자기가 구세주로 군림하는 사이비 종교 단체를 말한다.

2. 일반적 특징

(1) 성경을 표면상으로는 부인하지 않으나 다른 하나의 경전을 내세우는데 이것이 사실상 성경 이상의 권위를 가진다.
예를 들면 통일교의 〈원리강론〉, 천부교(구 전도관)의 〈오묘원리〉, 여호와의 증인의 〈새 세계번역 성경〉, 몰몬교의 〈몰몬경〉, 안식교의 〈교리문답〉, 크리스챤 사이언스의 〈과학과 건강〉 등이 그것들이다.
(2) 신앙의 핵심이 있어야 할 자리에 다른 교의를 대치 또는 오히려 우월하게 다룬다. 예를 들면 이적을 베푸는 권능, 청소년 지도 운동, 예언, 건강 등을 내세우는 것이 그것이다.
(3) 자칭 교주를 신격화한다.
(4) 자칭 교주나 창시자가 하나님으로부터 특수 계시를 받았다고 주장한다.
(5) 특수 분야의 매력을 이용하여 선전한다. 예를 들면 승공・신앙촌・천년성 유토피아・신유 은사 등을 내세워 신도들을 매혹시키는 것이다.

3. 일반적인 성격

(1) 기성 종교를 부정한다.
(2) 선민 의식으로 가득 차 있다.
(3) 시한부 말세 심판을 주장한다.
(4) 무속 신앙, 도참설(圖讖說)을 혼합한 것이다.
(5) 입신이나 신비한 체험을 강조한다.
(6) 자기들의 종교만을 믿어야 구원받는다고 주장한다.
(7) 자기들 종교는 종교 개혁을 한 것이라 주장한다.
(8) 성경을 잘못 해석하도록 현혹 유인한다.

4. 이단이 번성하는 이유

(1) 기독교는 예배 의식을 중요시하며 예배의 중심은 설교인데 반하여 이단 종파에서는 회원을 강하게 훈련시켜 자파의 운동원으로서 포교 활동을 시키고 선교사가 되게 한다. 예를 들면 여호와의 증인·몰몬교 등에서 흔히 쓰고 있다.

(2) 회원으로 하여금 가가호호를 방문토록 하는데 특히 기성 교인에게 접근해 오는 것이 특징이다.

(3) 매혹될 만한 문서 내용을 발행하여 염가로 보급한다. 예를 들면 Awake, Watch Tower, Monitor 등이 있다.

(4) 이단 단체에서 경영하는 교육 기관이 현저히 많아지고 있다. 예를 들면 몰몬교·통일교·제칠일 안식교 등에서 각급 학교를 운영하면서 암암리에 교리를 주입시키고 있다.

(5) 라디오와 TV 방송 등 매스컴을 통해 전도 활동을 하며 자기 단체의 선전에 열중하고 있다. 예를 들면 몰몬 합창단, 통일교의 리틀 엔젤스 등이 대표적인 것이다.

(6) 헐벗고 가난한 자에게 큰 관심을 보이는 듯하고 있으며 이런 일을 빙자해서 기성 교회를 무관심한 바리새파라고 공격한다.

(7) TV방송·라디오·대형 건물·대량 출판물 등에 희생적인 연보를 강요하며 이를 통해서 자기들의 종파를 선전한다.

5. 이단 종파에 대한 크리스천의 자세

이단 종파들은 우리 기독교인들이 무관심하고 있는 사이에 수단과 방법을 다 동원하여 확장함으로써 점점 더 왕성해간다. 반대로 그들은 기성 교회에는 구원이 없다는 등 교묘한 방법으로 신앙이 굳게 서지 못한 기독교인들을 빼앗아가는 실정이다. 또한 금전이나 관광 등의 유혹에 빠져 그들의 사슬에 걸려드는 신자도 적지 않다. 그렇다면 우리는 어떤 자세를 가져야 할까?

(1) 이단 종파들이 복음을 왜곡 선전하는 일을 반박하고 우리의 신앙을 변론해야 한다.
(2) 이단 종파들의 교리와 그들의 행위를 잘 연구해서 성령의 검 곧 하나님의 말씀으로 격파해야 한다.
(3) 그들과 논쟁이나 변론에만 그칠 것이 아니라 우리 자신을 반성하고 회개하는 마음을 가져야 한다.
① 비록 이단이지만 자파 선전과 포교, 자선 사업에 힘쓰는 점을 볼 때 기독교인들이 진리를 등한시하는 생활로 나태되어 있지 않는지 반성해야 한다.
② 그들이 대중에 대한 전도 방법과 교육에 대한 관심 등이 현대화되어 있는 것을 볼 때 기독교인들의 전도 방법이 뒤쳐져 있는지 여부를 반성해야 한다.

6. 이단에 대처할 신자로서의 기본 지식

(1) 이단 종파의 대부분은 편파적으로 성경을 해석하고 자기들

의 교리 합리화를 위한 자의적인 인용을 하기 때문에 성경을 인용하는 것만으로 정통이라고 생각해서는 안 된다.
(2) 신유의 증거만을 정통으로 생각할 수 없다. 출애굽기 7:11에도 바로가 박수와 박사를 부르매 그 애굽 술객들도 그 술법으로 모세와 아론의 이적대로 행하였다(출 8:7, 마 7:22).
(3) 참 기독교인지 아닌지는 복음의 핵심을 가지고 엄격하게 알아 보아야 한다.
① 성경 아닌 다른 종류의 신비한 서적에 근거하지 않았는가?
② 주로 복음을 전하는가 아니면 교주를 신격화하여 선전하고 있지는 않는가?(고전 15:3~4)
③ 예수를 메시야, 그리스도, 하나님의 기름 부음을 받은 자이며 영원하신 하나님의 말씀이 성육신하신 분임을 믿는가? (요 1:1, 14)
④ 그리스도의 보혈로만 죄 사함을 받는 것을 믿는가? (롬 3:24~25).
⑤ 그리스도의 부활을 믿는가?(롬 10:9~10)
⑥ 예수 그리스도를 자신의 구속자요 주님으로 믿는가?
⑦ 구원받기 위하여 자신의 공적을 의지하지 않고 하나님의 은혜만 믿는가?(엡 2:8)

이상의 사실에 위배되는 것은 곧 이단인 것이다. 우리 나라의 이단 종파를 보면 국내에서 발생한 이단 종파와 외국에서 들어온 이단 종파가 있다. 그중에서 외국에서 들어온 가장 대표적인 것만을 골라 각 종파의 역사적 배경과 주요(主要) 교리, 현황, 이단적 요소 등을 알아보기로 하겠다.

[외국에서 들어온 이단 종파]

1. 여호와의 증인

(1) 창시자와 발생 과정

러셀(Charles T. Russell, 1852~1916)이란 자가 1872년에 창시. 이는 미국 펜실베니아 출신으로 거짓된 사람이라는 평을 받은 자이다. 희랍어를 모르면서 안다고 속였고 그리스도의 재림 연대가 1874년이라고 발표했다가 실패하자 1914년이라고 변경한 자이다. 이 운동은 1884년부터이지만 이들의 신앙 근거는 아담의 아들 아벨에게로까지 올라간다.

(2) 주요 교리

① 세상 정부를 사탄으로 본다.
② 국기 배례를 우상 숭배로 해석하고 군 복무를 죄악시한다.
③ 기독교를 변질된 종교라고 비판하고 수혈의 죄악성을 주장함으로 수술을 요하는 환자에게도 수혈을 못하게 하여 죽게 한 예가 허다하다.
④ 믿음으로 구원받는 것을 무시하고 행위로 구원받는다고 주장한다 (계시록에 언급된 14만 4천 명만 구원받는 자라고 함).

(3) 기독교와 다른 점(이단적 요소 비교)

교리항목	기독교	여호와의 증인
하나님	하나님은 성부·성자·성령의 삼위이신 세 인격으로서 일체가 되시며 영원하고 개인적이며 영적인 존재이시다(마 3:13~17, 28:19).	여호와의 신 단 한 분이 영원으로부터 존재하며 그분은 우주와 그 안에 있는 모든 것의 창조자이시며 보호자이시다(그들은 삼위일체설을 부인한다).
불멸성	인간은 영원한 불멸의 영혼을 가지고 있다고 성경은 가르치고 있다(창 1:26, 5:1, 욥 32:8, 행 7:59, 고전 11:7).	인간은 불멸의 영혼을 갖고 있지 않다(인간들의 영혼은 몸으로부터 분리되지 않는다고 가르치고 있다).
예수 그리스도	그리스도는 성자 하나님 곧 삼위일체의 한 분이신 하나님 자신이다(요 1:1, 골 1:15~19, 2:9, 요일 5:7~8).	그리스도는 하나님이 아니며 하나님이 최초로 창시한 인간이다(그들은 그리스도의 신성을 부인한다).
속죄	그리스도의 죽음은 인간의 죄에 대한 완전한 대가(대속적)이다(롬 3:24~25, 골 1:20, 벧전 2:24, 고후 5:20).	그리스도의 죽음은 인간이 구원 얻도록 일할 기회를 주었다. 그리고 영원을 위한 완전한 인간의 생활은 에덴과 같은 세상에 있다.
그리스도의 부활	그리스도는 무덤에서 육체로 부활하셨다(요 2:21~22, 20:24~29, 눅 24:38~39, 고전 15:4~8).	그리스도는 영으로 부활하셨다(그들은 그리스도의 육체 부활을 믿지 않는다).

교리항목	기독교	여호와의 증인
그리스도의 재림	그리스도는 지상에서 육체를 가지신 그대로 재림하신다(행 1:11, 살전 4:16~17, 마 24:30, 계 1:7). 그때는 아무도 모르며 하늘에 있는 천사들도 모르고 오직 하나님 아버지만 아신다(마 24:36).	그리스도는 1914년, 눈에 보이지 않게 지상에 오셨고 지금은 천국에서 지구를 통치하신다(이를 '여호와의 왕국'이라 함).
지옥	죄에 대한 영원한 형벌이 있는 곳이다(마 8:12, 13:42, 49~50, 22:13, 눅 13:28, 계 14:11, 21:8).	지옥이나 영원한 심판이란 없다. 여호와의 기준에 미달하는 자들은 모두 멸절될 것이다.

(4) 현황

① **신도 수** : 1976년 세계 통계 - 150만 명, 왕국회관 3만 명, 회중의 종 5만 명이었는데 문광부에 보고된 자료에 의하면 2003년도 말 통계로 세계 신도수가 6,117,666 명, 한국 내의 신도 수는 88,771 명, 한국 내 회중 수가 1,424 명으로 되어 있다.

② **활동** : 예수 그리스도에 대한 참 믿음보다 축호 활동의 임무를 절대적인 것으로 알고 있다. 축호 활동을 구원에 이르는 한 방편으로 생각한다.

③ **문서 발간 활동** : 파수대(Watch Tower), 깨어라(Awake).

④ **예배 의식**
　　a) 공개 집회 – 파수대 연구(기독교의 낮 예배, 밤 예배)
　　b) 연사의 강연 내용 – 결혼 문제, 도덕 문제, 창조의 경이, 성경에 대한 과학적 확증, 성경의 일부 구절 설명.

(5) 비판

① 어리석은 문자주의 해석
② 행위로 구원을 얻겠다는 고행주의, 인본주의
③ 세상 교육 기관의 교육을 거부
④ 수혈 거부·군 복무 거부로 사회적 물의를 일으킴.

그러므로 여호와의 증인은 기독교가 아니며 적그리스도의 무리이다. 그들은 행복한 가정, 평화와 질서의 사회를 혼란시키며 자기 집단화의 쇄국주의적인 '여호와의 왕국'을 시도하고 있다.

2. 말일 성도 예수 그리스도의 교회 (모르몬교 : Mormonism)

(1) 창시자와 발생 과정

조셉 스미스 2세(Joseph Smith Ⅱ, 1805~1844)가 자칭 신적 계시에 의한 독자적 교파를 발족해서 창시했다고 한다. 그는 광산촌의 품팔이꾼이었는데 1820년 숲 속에서 기도하던 중 자기 곁에 두 사람의 영체가 나타나 "이는 내 사랑하는 아들이니 그의 말을 들으라"는 음성을 들었다고 한다.

1923년 9월 21일 저녁에 천사 모로나이(Moronai : 모르몬의 아들)의 방문을 세 번이나 받았다고 한다. 이 천사가 말하기를 "너의 이름이 온 나라와 방언들 사이에 퍼지리라"고 했다 한다. 또한 온전한 복음이 적힌 금판의 위치를 알려 주었다고 하는데 이것이 소위 「밀알의 복음」이란 것이며 이 금판을 번역한 것이 그들의 모르몬경이다.

조셉 스미스는 자칭 하나님과 예수 그리스도의 형상으로 창조되었다 하며 아론의 실권을 가졌다고 하면서 1839년 미시시피 강가에 정착지를 만들고 그 이름을 나부(Nauvoo : 아름다운 땅이라는 의미)라 불렀다. 그는 모르몬교의 법적 위반 사실을 기사화한 신문사를 습격한 사건으로 한때 수감되었고 1844년 6월 27일 모르몬교의 사회적 물의에 분격한 한 청년이 감옥에 침입하여 그를 살해하였다.

(2) 주요 교리(이단적 요소)

① 원죄를 부인한다.
② 다신교이다.
③ 하나님도 한 번은 사람이 되었다(하나님도 피조물임).
④ 일부다처제가 옳다고 주장한다(조셉 스미스는 50명의 아내를 거느렸고 브링함 영은 25명의 자녀를 가졌음).
⑤ 예수는 3인의 처를 거느렸다.
⑥ 모르몬경도 하나님의 말씀으로 인정하고 새로운 성서로써 믿는다.

⑦ 구원은 선행에 의해 얻어지며 인간은 세 가지 천국에서 각각 그 영생을 보내게 된다.
⑧ 성경과 꼭 같은 권위로 그들의 경전「모르몬 경」,「교리와 성약」,「값진 진주」등을 두고 있다.
⑨ 삼위일체를 부인한다. 하나님은 남성과 여성으로 존재하며 이들이 영적 자녀를 낳았는데 예수님이 영적 자녀 중 장자이다.
⑩ 분리주의, 배타주의 형성

(3) 모르몬경의 기원 및 허구성

모르몬 경은 성경 창세기 11장의 기사에 근거를 두고 있다(바벨탑 사건). 그에 의하면 야렛(Jared)은 B.C. 2250년 바벨탑 사건에서 자기 가족과 백성을 이끌고 도피했다. 이들은 미국 중부 서해안에 상륙하였으나 상호 반목으로 모두 몰살되었다. 또 한 무리인 유대인의 선지자 레이(Lehi)가 그의 아들 니파이(Nephi), 라만(Laman) 등 온 식구가 배를 타고 대양을 건너왔다. 이 중에 라만 족이 인디언의 선조가 되었고 라만과 니파이 족 간의 싸움에서 양편이 모두 전멸 상태였으나 단 한 사람의 생존자가 있었는데 그가 모르몬(Mormon)이라 한다.

모르몬의 소위 새 애굽 상형 문자로 이 족속의 역사를 기록한 금속판을 그곳에 묻었다고 한다. 모르몬의 아들 모로나이가 죽었다가 천사로 변형되어 지상에 내려와 조셉 스미스 2세에게 나타나 금판이 묻혀 있는 위치를 가르쳐 주었다고 한다. 이것을 조셉 스미스가 1830년에 발굴하여 번역한 것이 모르몬경의 기원이다.
 그렇다면 모르몬경에 나타난 고적 자료가 고고학자들에 의해 증명되어야 할 것이나 이제까지 종족, 신세계 도착, 문화 의식, 새긴 금속판, 새 애굽 상형 문자 등의 자료가 하나도 증명된 것이 없다. 그러므로 모르몬 경은 환상적 신비주의자인 조셉 스미스 2세가 발견한 인디언의 역사적 자료를 인위적으로 조작한 것에 불과한 것이다.

(4) 현황

많은 이단 종파 중에서 가장 급성장하고 있는 실정이다.
① **조 직** : 대관장-12사도 정원회-70인 제일 정원회
  a) 스테이크(Stake) - 약 4천 명의 회원을 가진 모르몬 교회
  b) 와드(Ward) - 약 6백 명 회원을 가진 모르몬 교회
② **예배 의식** : 교리 교육에 치중한다.
③ **생 활**
  a) 청년들은 일생에 2년간은 무보수로 해외 포교를 자원해야 한다.
  b) 십일조 생활을 철저히 지킨다(교리와 성약 119:2, 사용 목적 - 나의 집을 건축하여 시온의 기초를 닦기 위해, 신권을 위하여, 나의 교회의 대관장단의 빚을 청산키 위해).
  c) 철저한 율법주의적 태도와 생활을 한다.

3. 제칠일 안식일 예수 재림교 (Seventh-day Adventists)

일명 「안식교」라고도 하는데 이들은 철저히 토요일에 예배를 드리는 기독교의 이단이다. 모든 이단 종교들처럼 안식교에서도 성경 외에 또 다른 권위(경전)를 가지고 있다. 그들은 오직 믿음으로 말미암아 의롭다함을 입는 진리를 부인하고 그리스도의 사역을 낮게 평가한다. 미국에서 발생하였고 세계 도처에 교육과 문화 사업, 위생 병원 등을 경영하면서 포교에 힘쓰고 있다.

(1) 창시자와 역사적 배경

① **윌리엄 밀러**(William Miller, 1782~1849) : 안식교의 근원이라고 할 수 있는 그는 농부로서 경건한 침례교회 회원이었으나 성경이 하나님의 계시임을 부인하고 회의에 빠졌다. 신비적 환상주의로 자기 나름대로 2년 간 성경을 연구한 뒤 1844년 1월 22일이 세계의 종말이라고 예고함으로써 12만 명이라는 엄청난 안식교도가 뉴욕에서 재림을 기다렸으나 무위로 끝나고 말았다.

② **히람 에드슨**(Hiram Edson) : 안식교의 하늘 성소 이론의 창안자로서 밀러의 열렬한 신봉자였다. 1844년 종말과 함께 그리스도가 재림하시지 않자 실망한 안식교도들을 위하여 자기가 본 환상을 이야기하였는데 그 환상이란 1844년은 예수님께서 하늘의 성소에서 지성소로 들어가시어 죄의 유무를 조사해서 도말하시는 작업을 진행 중이라는 것이다. 이

사상 이후에 「조사 심판의 교리」로 발전했다.
③ **조셉 베이츠**(Joseph Bates) : 안식일 제정자이다. 제칠일 안식일은 창조 시에 예표되었고 에덴 동산에서 명령되었으며 시내 산에서 확인되었다고 주장하고 있다.
④ **엘렌 지 화이트**(Ellen G. White, 1827~1915) : 안식교 창시자인데 그는 위 세 사람의 이론을 종합 체계화시켰다. 화이트 부인은 2백 번 이상의 환상을 보았다는데 안식교의 신조나 활동은 거의가 그녀의 환상과 말에 기초하고 있다고 한다. 그래서 화이트 부인을 성령의 인도를 받은 여선지로 믿는다. 1847년 4월 7일에 화이트 부인 자신이 지성소에 들어가는 환상을 보았고 거기서 그녀는 법궤와 10계명을 보았는데 특히 제 4 계명이 광채를 내고 있음을 보았다고 한다. 이것을 안식일을 지키는 계시로 받아들인다.

(2) 중요 교리(1957년 출판된 「교리 문답집」 중에서 발췌)

① 안식교 최대의 교리는 토요일 안식 문제이다.
② 예수 그리스도께서 성육신하실 때 사람의 죄스런 성품을 그대로 지니고 계셨다고 주장한다. 또한 사람이 아무리 예수를 믿어도 구원의 여부는 죽어 보아야 안다고 주장한다.
③ 조사 심판의 교리 (성소를 정결케 하기 위해 그리스도께서 하늘 지성소에 들어가신다).
   a) 아담의 타락으로 그 죄가 후손에게 전가되지 않는다 (자

력 구원설).
　　b) 예언·상징 등의 환상적 신비주의로 성경을 해석한다.
④ 예수님의 1차 재림은 1844년에 이루어졌고, 지금은 2차 재림을 기다리고 있다고 주장한다.

(3) 이단적 요소

① 안식교도들은 화이트 부인의 환상적 권위를 첨가하는 말을 성경 권위 이상으로 신봉하고 있다.
② 행위로 말미암은 칭의를 말하는 것은 성경에 위배된다.
③ 예수님의 구속 사역을 낮게 평가한다.
④ 안식교만이 하나님의「남은 자의 교(敎)」라고 자처한다.
⑤ 종말론에 있어서 환상적 신비주의에 빠져 있다.

(4) 조직과 현황

1971년 안식교 통계에 따르면 세계 226개국 중 189개국에 포교 활동 중, 안식교회 수 16,726 곳, 안식교인 수 2,145,661 명, 현재 우리나라 안식교는 272 개소와 184 명의 지도자 그리고 침례자 수는 29,480 명이고 총 출석인원 32,302 명이라 한다. 최근에는 문서 포교(P. R.), 삼육 교육 기관, 병원, 심지어는 영어학원센터(S. D. A) 등의 간접적인 포교 방법을 취하고 있다. 그 후 30여 년이 지난 2003년도 말 통계 보고(미국 워싱턴 소재의 안식교 최고의 기관인 대총회 통계 - 안식교한국연합회 보고)에 의하면 세계 신도 수는 12,320,834 명이고, 교회 수는 53,502 교회이며(2002년도 말 통계), 한국 내 신도 수는 176,344 명이고, 교회 수는 890 교회라 한다(국내는 2003년도 말 통계).

① **조직과 활동**
    a) 개교회→대회→연합회→지회→대총회
    b) 직제 : 목사·장로·집사·일반 신도
    c) 활동 : 예언의 소리 방송, TV 포교, 우리나라에서는 "저 높은 곳을 향하여" 방송, 생명과 건강, 시조(時兆), 교육, 의료 활동(우리나라의 "위생병원"), 잡지 「이 시대」, 「자유」 발간, 식품 제조업체로서는 삼육식품, 대학식품, 풀무원 등이 운영되고 있다.

② **예배 의식과 생활** : 토요일을 안식일로 철저히 지키며, 3개월마다 거행하는 성만찬 때에는 「세족 예식」을 한다. 청빈한 생활을 추구한다고 하나 구약의 율법주의를 따르기 때문에 복잡한 절차와 예식이 있다. 단지 개혁한 현대 율법주의자일 뿐이다. 유아 세례를 반대한다.

③ **우리나라의 안식교의 역사** : 1904년 하와이에 이민 갔던 유은현, 손홍조가 일본에서 침례를 받고 최초의 교인이 되었다. 현재 12개 초등학교, 14개 중·고등 학교, 1개의 대학(삼육대학교)을 운영하고 있다. 안식교 위생종합병원을 서울과 부산에서 운영하고 있다. 최근에는 수륙 비행기를 구입, 「천사호」라 명명하여 산간 벽지까지 의료 혜택을 주면서 간접 포교를 하고 있다.

2004년도 통계로는 초등, 중·고등 학교의 수는 대동소이하고 대학은 삼육의명전문대학과 간호보건대학, 서울위생치과대학 등이 늘어났다.

4. 크리스쳔 사이언스

1879년 미국 에디(Mary Baker Eddy, 1821~1910) 부인에 의하여 창설되었다. 크리스쳔 사이언스는 심리 요법을 통한 치료를 원리로 삼고 『과학과 건강』이라는 정경을 가지고 있다. 만병 통치의 신유 은사를 주장하기 때문에 후진국에서는 많은 매력을 갖는다.

(1) 창설자와 발생 과정

에디 부인이 창설자로서 그는 어릴 때 자주 신병을 앓았는데 특히 몇 년 동안 척추 쇠약증을 앓았다. 잦은 병으로 인하여 쿠임바이(Phineas Quimby) 의사를 찾게 되었다. 그의 치료 방법은 최면술과 안수에 의한 것이었다. 이 치료 방법이 크리스쳔 사이언스의 『과학과 건강』이라는 정경의 기초가 된 것이다.

1866에는 미국 크리스쳔 사이언스 협회가 조직되어 이 운동을 주도, 전국적으로 전개하였고 1908년부터는 일간지 「크리스쳔 사이언스 모니터(Christian Science Monitor)」를 발행하고 있다. 이 신문은 현재 큰 위력을 가지고 있다.

(2) 주요 교리

① 에디 부인은 쿠임바이 의사의 임상 일지와 그의 심리 요법 치료 방법이 예수님의 치료 방법과 같다고 생각하고 최대한 활용, 모방하여 「과학과 건강」이라는 책을 썼는데 크리스천 사이언스에서는 이 책을 성경처럼 하나님의 영감을 받아 쓰여진 것으로 생각한다.
② 성경을 「과학과 건강」에 의해 해석될 때 유용한 것으로 생각한다. 즉 최종적 권위와 유권 해석을 성경 아닌 『과학과 건강』에 두고 있다.
③ 질병은 정신적인 것이요 죽음에 대한 공포, 환상, 망상이라고 해석한다. 이들의 치료 요법은 환자로 하여금 실제로 병든 것이 아니고 공포와 환상에 사로잡혀 있다고 설득시킨다.
④ 신론(神論) : 신은 선하시고 선한 모든 것은 마음이며 신은 영이시므로 영이 아닌 모든 것은 존재치 않는다.
⑤ 기독론 : 예수와 그리스도를 분리하여 해석한다. 즉 영적 그리스도는 결함이 없으나 물리적 인간인 예수는 그리스도가 아니라고 주장한다. 따라서 예수님의 성육신을 부인하고 예수는 우리의 죄를 대속하지 못한다고 주장한다.
⑥ 결혼관 : 독신주의는 사회적 천벌을 받는다고 하며 남녀의 참된 조화는 하나의 영적 존재라고 본다.
⑦ 성경의 중요한 인명과 지명, 단어들을 영적으로 풀이한다. 예를 들면 시편 23편의 '여호와'를 11 번이나 '사랑'으로 풀

이했다. 주기도문도 자기들에게 맞도록 영적으로 해석한다.

(4) 이단적 요소

① 성경보다 에디 부인의 「과학과 건강」에 권위를 부여하고 최고의 유권 해석을 두는 것은 모순이다.
② 예수 그리스도의 은혜로 말미암는 칭의를 말하지 않는다.
③ 예수님을 하나님이 아니라 하고 단지 인간으로 본다.
④ 에디 부인이 과학적 물리 치료에 대한 신적 원리의 최종 계시를 받았다고 하며 그녀가 쓴 「과학과 건강」을 인간의 가설로 오염되지 않는 진리의 음성으로 간주하고 그들 외에는 새 진리를 갖지 못했다고 한다.

(5) 현황

① **조직** : 명예 목회지 - 대표이사회 - 회장 - 서기 - 회계 - 2인의 리더
② **활동**
    a) 도서 열람실 운영 b) 문서 활동 c) 병자 치료
    d) 매주 수요일 병 고침을 받은 간증회를 갖는다.
    e) 미국 내 700개 소, 미국 외에 100여 개소의 방송국 운영
③ **예배 의식**
찬송 - 성경 - 교독문 - 묵도 - 주기도(영적 주기도) - 찬송 - 광고 - 독창 - 사이언스의 계절지의 열람 주석 - 설교 제목 예고 - 본문 봉독(과학과 건강) - 성경 봉독 - 헌금 - 찬송 - 축도

제 11 장
각 종교의 비교

위에서 11 장에 걸쳐 우리는 세계 현존 종교들의 면모를 살펴보았다. 이 모든 종교들을 같은 평면에 놓고 볼 때 여기에서 우리는 서로 같은 점과 다른 점을 발견할 것이며 또 각 종교는 그 우열에 있어서도 반드시 다 동일하다고 볼 수 없을 것이다.

그러나 이 종교들이 다 같이 우리에게 가르쳐 주는 것은 무엇인가?

1. 종교 신앙의 필요성

첫째로 이 땅 위에는 적어도 현 인구 60억 중에서 45억 이상의 사람들이 어느 형태로든 종교적 신앙을 가지고 있다는 사실이다. 이 통계는 위에 나타난 종교만을 말하는 것이요 그 밖에 일본의 신도(神道)를 비롯한 여러 종교들과 우리나라에도 천도교 이외에 대종교와 기타 종교들 그 밖에 다른 나라들의 이러한 종류들의 종교 신자들을 계산한다면 아마 그 숫자는 막대할 것이다.

그리고 우리는 아직도 종교와 신앙의 자유가 실제적으로 제재를 받는 나라 안에서도 기성세대, 젊은층 할 것 없이 종교에 대하여 많은 관심과 열의를 표시하고 있다는 말을 듣는다.

이러한 모든 사실들은 이 종교적 신앙이 얼마나 집요하게 또 널리 인간의 정신 생활을 지배하고 있는지를 웅변적으로 말하고 있는 것이라 볼 수 있을 것이다.

2. 신관(神觀)

세계의 여러 종교들이 우리에게 가르쳐 주는 또 하나는 모든 종교가 하나같이 우리가 경배하거나 혹은 높여야 할 신 혹은 최고의 원리를 가지고 있다는 점이다. 원시 불교와 자이나교는 원래 신을 믿지 않았다. 그러나 이상한 것은 이 두 종교는 다 같이 그 교조들이 서거한 후 얼마를 지나서 그 교조들을 신격화하여 경배하고 있다는 사실이다.

힌두교와 도교는 비인격적 브라마와 도를 믿고 있으나 이를 경배하지는 않고 다만 이것들을 명상의 대상으로 삼아 이것들과 합일(合一)하는 것으로 그 목적을 삼는다. 그러나 이들이 인격적 신은 믿지 않으나 이에 대치(代置)할 만한 이상적 대상을 설정하고 그 이상에 도달하고자 한다. 그리고 오랜 세월이 지난 후에는 이 두 종교도 역시 많은 신들을 섬기게 되었다.

유교의 창설자라고 할 공자는 천(天) 혹은 천명(天命)을 말하였으나 자신이 친히 천(天)에 경배하거나 그의 제자들에게 이를 권고한 일은 없었다. 그러나 그의 계승자들의 사상에는 하늘이 명한 인간의 본성을 잘 통솔하여 나감이 도라고 하여 천명 즉 천의(天意)에 따름이 중요한 것을 말하였다.

천도교는 인내천(人乃天) 사상을 고수하는데 피조물인 인간을 천 즉 하나님으로 볼 수는 없으나 그들이 말하는 대분천(大分天)에 대한 신앙은 다른 유신(有神) 종교의 그것과 다름없다.

3. 구원관

세계의 모든 종교는 그 개념과 내용은 같지 않으나 다 같이 구원관을 가지고 있음을 본다.

힌두교의 구원은 브라마 신과 연합하는 것이다. 이것은 기도, 제사, 철학적 명상, 계율 특히 계급에 관한 계율의 엄수 등으로 얻을 수 있다고 보는 것이다.

자이나교의 구원은 금욕주의로 영의 해방을 받는 데 있다고 보며, 불교는 욕심이 모든 고(苦)의 원인이므로 수도(修道)와 극기(克己)로 이 욕심을 제거함으로 구원 즉 '열반'에 들어갈 수 있다고 본다.

시크교의 목적은 유일(唯一)이며 진실된 신의 제자가 되는 것인데 이것은 그 신의 이름을 신뢰함으로 이루어진다고 본다.

유교는 성선설(性善說)에 입각하여 사람의 성품은 '천(天)'의

명한 바라 하여 유교의 목적은 인간 사회 구성원 간의 원만한 관계 즉, 사회 질서를 유지함이다. 삼강오륜(三綱五倫)이란 곧 원만한 사회적 관계를 말함이다. 도교는 이 우주의 대원리인 '도(道)'를 따르는 것이 그 목적이다.

유대교는 의(義)의 하나님을 순종함으로 그의 축복을 받는 것으로 목적을 삼는다.

조로아스터교는 '아후라 마즈다' 신과 함께 악신과 싸우는 것이 신도들의 할 일이며 이 싸움에서 승리하는 데 구원이 있다고 본다.

이슬람교는 전능의 일라신에게 절대 복종함으로 최고의 만족을 얻는다고 믿는다.

기독교의 구원은 죄악에서의 구원인데 이것은 인간 자신의 힘으로는 불가능하다고 본다. 이것은 인간이 자신의 죄과를 회개하고 성자(聖子) 예수 그리스도의 속죄의 공로를 믿음으로 가능하며, 믿는 자는 성령의 내재(內在)로 인한 감화에 의하여 마음의 변화를 받아 거듭나(重生) 새 사람이 될 수 있으며 이렇게 될 때 그는 위로 하나님을 사랑하고 순종하며 아래로 이웃을 제 몸같이 사랑할 수 있게 되고 하나님의 참 자녀로서의 자격을 얻게 된다고 본다.

천도교는 자신이 곧 '한울님'임을 깨달아 이를 성취함이 구원이라고 본다.

이와 같이 모든 종교의 목적이 구원을 희구한다는 것은 인간이 자신과 현실 세계의 불완전성을 인정함이며 더 높고 아름답고 참

되고 영원한 이상의 세계를 추구하는 인간 영혼의 절실한 추구의 표현이라 할 것이다.

4. 계시에 대하여

신의 계시에 대하여는 현존한 종교 중 대체로 유신 종교(有神宗敎)가 이를 믿고 있다. 즉 힌두교, 시크교, 유대교, 조로아스터교, 이슬람교, 기독교 및 천도교이다.

그 밖에 유교는 '천'을 신앙의 대상으로 삼지는 않으나 공자는 그가 60 세에 천명을 알았다고 하였는데 이것은 일반 다른 종교에서의 계시 사상과 유사하다고 볼 수 있다. 그러나 기독교의 계시관은 자연 계시(일반 계시 : 자연 및 역사, 양심)와 초자연 계시(특별 계시 : 성경 및 하나님 자신인 예수 그리스도의 출현)로 나누는데 일반 종교와는 그 계시 성격의 차원이 다르다.

5. 내세관

많은 종교가 내세나 혹은 이상의 세계를 믿으며 그것의 실현을 희구한다.

힌두교와 불교는 다른 종교와 같은 뚜렷한 내세관을 가지고 있지 않으나 현상계는 한 환영의 세계이며 고통의 세계라고 보며 윤회전생설을 믿는데 금욕 생활과 계율의 엄수로 이 고통의 세계에서 벗어나 열반이나 혹은 신과의 융합을 얻을 수 있다고 본다.

불교에서 극락 세계를 말하나 이것은 불교의 근본 교설은 아니다. 유교는 다른 종교가 가진 내세관을 가지지 않았다. 그러나 공자는 원만한 사회 질서가 유지되는 이상의 세계를 목적한 것만은 틀림없다.

기독교의 내세관은 대단히 분명하다. 예수그리스도의 재림으로 현 세상은 모조리 불타 없어지고 새 하늘과 새 땅이 형성될 것이다. 신자들은 그곳에서 가장 평화롭고 행복한 상태로 영원히 살 것이나 불신자들은 그들을 위해 예비된 영원한 지옥에 들어가게 될 것이다.

6. 도덕률

어느 종교나 그 종교 나름대로의 최고의 도덕률을 가지고 있다. 힌두교에서는 "너에게 고통을 주는 자에게 대항하지 말라 이것이 의무의 총화니라"(마하바라타 5:15~17) 하였다.

불교는 "한 족속의 사람이 그의 친구에게 대할 때에는 …… 자기 자신에게 대하듯 하라"(불교 성전 4:182) 하였다.

유교에서는 "자기가 원치 않는 것을 다른 사람에게 하지 말라"(논어 15:23) 하였다.

도교에서는 "피해(被害)를 친절로 갚으라" 하였으며 또 "내게 좋게 하는 사람에게 선대하며 좋게 아니하는 사람에게도 선대하라. 그리하여 모두가 선한 사람이 되게 하라" 하였다.

조로아스터교에서는 "너 자신에게 좋다고 생각하지 않는 것은 다른 사람을 위해서도 좋다고 생각하지 말라 이렇게 행할 때 너는 의인이 될 것이라"(동방성전 24:330) 하였다.

유대교에서는 "그대가 미워하는 일은 아무에게도 하지 말라"(토빌 4:14~15) 하였다.

기독교에서는 "무엇이든지 남에게 대접을 받고자 하는 대로 너희도 남을 대접하라"(마 7:12) 하였다.

이상 종교들의 황금률을 비교해 보면 도교와 기독교만이 적극적이요 다른 종교의 그것은 다 소극적이다. 그러나 도교의 창시자 노자는 그의 80 평생에 그의 훌륭한 황금률을 실천한 자취가 없을 뿐 아니라 마지막에는 난세(亂世)를 피하여 어디론지 사라지고 말았다.

그러나 예수는 그의 가르침을 몸소 실행하여 자신을 희생하였으며 십자가의 죽음을 당하면서 자신을 못 박게 한 사람들을 위하여서도 하나님의 용서를 빎으로 "원수를 사랑하라"는 자신의 교훈을 몸소 실천하여 전 인류의 사표가 되었다.

이상에 서술한 바 있는 종교가 가진 여러 요소들을 개관한다면 종교는 인간의 다른 활동과 같이 현실에 만족지 않고 좀 더 나은 이상의 세계를 추구하면서 끝없이 올라가고 나아가는 인간의 생활이라 할 것이다. 그러므로 인간은 이와 같이 그의 종교적 행동을 통해 더 나은 미래를 향하여 나아가는 만큼 그에게는 신앙이 반드시 있어야 하는 것이다. 이런 의미에서 신약 성경에 사도 바울은 "우리가 믿음으로 행하고 보는 것으로 하지 아니한다"(고후 5:7) 하였다.

참 고 도 서

R. E. Hume : *The World's Living Religions Charles Scribner's Sons,* New York, 1924.
Charles S. Braden : *The World's Religions,* Abingdon, 1954.
Allan Menzies : *History of Religions, Charles Scribner's Sons,* New York, 1922.
G. F. Moore : *History of Religions, Charles Scribner's Sons,* New York, 1924.
Albert Schweitzer : *Christianity and the Religions of the World,* George H. Doran Company, New York, 1923.
D. Miall Edwards : *The Philosophy of Religions,* Richard P. Smith, New York, 1960.
채필근 : 비교 종교론, 大韓基督敎書會, 1960.
버그채 · 주채원 역 : 빛은 동방에서, 徽文出版社
邊宗浩 : 종교의 비교 연구와 그 결론, 心友園
鶴藤幾太郎 : 宗敎讀本, 모나스社, 東京
吉川文太郎 : 朝鮮諸宗敎, 朝鮮興文會, 1923.
大思想 : 엔사이클로피디아, 宗敎思潮, 東京 春秋社, 1930.
大月隆仗 : 孔子의 新硏究, 新民書房, 1942.
室伏高信 : 孔子, 그의 인물과 철학, 東京, 潮文閣, 1942.
博友社 編 : 人物韓國史, 1965.
金得榥 : 韓國思想史, 南山堂 ; 韓國宗敎史, 海文社
柳東植 : 韓國宗敎와 基督敎, 大韓基督敎書會
其他入手 可能한 宗敎原典과 辭書類

세계종교와 기독교

●

2005년 2월 15일 1판 1쇄 발행

지은이 · 송홍국
펴낸이 · 김기찬

펴낸곳 **한국문서선교회**

등록 · 1981. 11. 12. No.제 14-37호
주소 · 서울시 중구 신당 6동 49-20호
☎ 2253-3496 · 2253-3497
FAX 2253-3498

정가 7,800원

●

잘못된 책은 바꾸어 드립니다.
* 판권 본사 소유 *

ISBN 89 - 8356 - 205 - 6 - 03230